支え合うひと・まち・コミュニティ

地域づくりのトップランナー **10**の実践

多職種連携から統合へ向かう地域包括ケア

著●宮下 公美子
(介護ライター)

MC メディカ出版

はじめに

いくつになっても暮らし続けることができる地域づくりで必要なものは何か

　団塊の世代、約645万人*が全員、後期高齢者になる2025年。既存の施設や病院だけでは、すべてのニーズに応えるのが難しくなるといわれています。そこで、医療や介護のニーズを減らそうと疾病や介護の"予防"が推進され、一方で、医療や介護が必要な状態になっても、できるだけ長く住み慣れた自宅、地域で暮らし続けるための仕組み、「地域包括ケアシステム」の構築が進められています。

　「地域包括ケアシステム」は、住まい、医療、介護、予防、生活支援を一体的に提供できる仕組です。住宅、施設、介護サービス等の数的な整備については、まだ十分ではありませんが、徐々に進んでいます。しかし、どんなシステムも、動かしていくのは人です。そして、地域包括ケアシステムにおいては、支えていく対象もやはり人です。数をそろえ、仕組みさえつくればそれでうまくいく、というものではありません。

　この本では、「地域包括ケアシステム」の中でも、特に多職種の連携からさらに統合へと向かっていく動き、人と人とのつながりを意識した「地域づくり」について取り上げました。

　1章では、国内各地の地域づくりを、現地に足を運び、見て、聞いて研究している堀田聰子さんにお話を伺いました。なぜ地域づくりが必要とされるようになったのか。専門職には何が求められているのか。時代の移り変わりによる疾病構造や介護観の変化の分析などから、わかりやすく語っていただきました。

　2章では、地域づくりのトップランナーたち10組の実践を4つのタイプに分けて紹介しました。

「地域を支える新しいケアスタイルの創造」では、これまでにないサービスの創出、既存のサービスの枠を打ち破るスタイルの支援に取り組む3組を紹介しました。その新しい発想と挑戦していく姿勢にご注目ください。

　「win-winの関係が生む地域活性化」で紹介したのは、相手にもメリットのある提案によって地域を動かしている2組の取り組みです。人を動かすには何が必要かを読み取っていただければと思います。

　「住民ぐるみの地域での支え合い」では、住民を中心に据えた地域づくり3組を取り上げました。専門職が関わっている取り組みだけでなく、一人の住民の活動から始まった取り組みも紹介しています。地域づくりにかける覚悟、強い思いが感じられることと思います。

　最後は、「住民を巻き込んでいく専門職のコラボレーション」です。専門職同士の気づき、働きかけから広がっていった地域づくり2組の取り組みを紹介し、締めくくりました。専門職集団ならではの発想、緻密な仕掛けを感じていただければと思います。

　それぞれの取り組みについては、その法人、団体の志してきたことが何であるかを、3つのポイントを挙げて紹介しました。熱い思いを持ち、これからの地域、これからの社会を真剣に考えて汗を流す10組の法人、団体。その取り組みから、地域づくりのヒントを読み取っていただければと思います。

宮下公美子

＊2015年国勢調査の66～68歳人口の合計概算値

もくじ

はじめに
いくつになっても暮らし続けることができる
地域づくりで必要なものは何か ———— 2

1章

よりよいケアを目指した先にある「地域づくり」

**地域づくりはよりよいケアを
目指してゆくと至るもの** ———— 8
〈インタビュー〉
堀田聰子さん
（慶應義塾大学大学院健康マネジメント研究科教授）

おわりに
一歩を踏み出すことから何かが始まり、
あきらめずに続けることが未来を変える ———— 156

2章

つながる・巻き込む・支え合う 地域づくりの実践例

1. 地域を支える新しいケアスタイルの創造
- アザレアンさなだ（長野県 上田市） ── 28
- 銀木犀（千葉県 浦安市） ── 40
- ぐるんとびー駒寄（神奈川県 藤沢市） ── 52

2. win-winの関係が生む地域活性化
- エムダブルエス日高（群馬県 高崎市） ── 64
- むさしの園（埼玉県 狭山市） ── 78

3. 住民ぐるみの地域での支え合い
- 黒田キャラバン・メイト（静岡県 富士宮市） ── 90
- おおた高齢者見守りネットワーク・みま〜も（東京都 大田区）── 102
- 鞆の浦・さくらホーム（広島県 福山市） ── 116

4. 住民を巻き込んでいく専門職のコラボレーション
- 新宿食支援研究会（東京都 新宿区） ── 128
- 南砺の地域医療を守り育てる会（富山県 南砺市） ── 142

1章

よりよいケアを目指した先にある「地域づくり」

なぜ今、「地域づくり」が必要なのか。
「地域づくり」において何が求められているのか。
国内各地の地域づくりに詳しい、慶應義塾大学大学院健康マネジメント研究科教授の堀田聰子さんに語っていただきました。

インタビュー

堀田聰子さん
（慶應義塾大学大学院健康マネジメント研究科教授）

地域づくりはよりよいケアを目指してゆくと至るもの

高齢化がますます進展している今の日本では、「地域包括ケア」の推進とともに、「地域づくり」の大切さが指摘されています。なぜ「地域づくり」が必要なのか。「地域づくり」に何が求められているのか。先進の地域づくりの各地に足を運び、キーパーソンの話に耳を傾けてきた慶應義塾大学大学院教授の堀田聰子さんにお話を伺いました。

治すことが目標の「医療モデル」から QOL改善が目標の「生活モデル」へ

ケア人材政策・人的資源管理を専門とする堀田聰子さんは、国内外各地を訪ねてよいケアと地域づくりに向けた取り組みを調査し、ケア提供体制やケアの担い手のあり方等について研究しています。超高齢社会となった日本（**図1**）において、なぜ地域づくりが強く求められているのかを尋ねると、その理由を様々な側面から語ってくれました。

一つは、人口構成の変化に伴う疾病構造の変化です。

「高齢化の進展と医療の進歩により、複数の病気や障害とつき合いながら、長く地域で暮らしていく人が増えてきました」と堀田さん。

そうした人は、今後、高齢化がさらに進むにつれてますます増えていくことになります。治療して終わり、ではなく、病気や障害とともにある暮らしを地域で支えられる仕組みが必要になってきたのです。

PROFILE

堀田聡子さん

東京大学社会科学研究所特任准教授、ユトレヒト大学客員教授、国際医療福祉大学大学院教授を経て、慶應義塾大学大学院健康マネジメント研究科教授。専門はケア人材政策、人的資源管理。博士（国際公共政策博士）。現在、社会保障審議会介護給付費分科会及び福祉部会、地域包括ケア研究会、地域力強化検討会等において委員を務める。

　図2は、人生の終末に向けた身体機能低下の軌道を時間の経過とともに示したものです。急性期医療中心の時代は、脳卒中やがんに罹患して身体機能が大きく下がり、その後、死を迎えるという軌道でした。これに対して、医療が進歩したいま、脳卒中やがんは致命的な疾患ではなくなりました。多くの高齢者は、堀田さんの指摘のように、慢性疾患とともに生きています。図2の軌道を見ると、身体機能は緩やかな右肩下がりで、時折起きる肺炎などの疾患で少し"くぼみ"ができます。それが治癒すれば回復しますが、身体機能はやはり徐々に低下していきます。これを繰り返しながら、人は終末を迎えるようになりました。

　医療や介護の目標は、この軌道の傾きをいかに緩やかにするか、そして、"くぼみ"の発生をいかに抑止し、あるいは発生した"くぼみ"をいかに浅くするかに変わってきたのです。

　そしてもう一つ、支援観の変化も背景として見逃せないだろうと、堀田さんは言います。

　「『生活モデル』の概念が生まれ、社会的排除がフランスに始まり、欧州の社会政策の中心的概念となっていったの

■図1　年齢階級別人口の伸び率の推移（2010年を100とした場合）

出典：国立社会保障・人口問題研究所「日本の将来推計人口（2012年1月推計）」

は、1970年代から80年代のことです。社会構造的な変化によって、生活や人生をめぐる問題が従来想定されてきたよりもぐっと複雑性を増していることに呼応したものといえます。

猪飼周平さん（一橋大学大学院社会学研究科教授）によれば、広範な福祉領域でこうした支援観が広がり、『生活モデル』に基づくケアを望ましいという価値観が社会に浸透することで、ヘルスケアにおいても10年近く遅れて生活モデル化が起きてきたといわれています」

「医療モデル」は、病気や障害によって社会的不利が生じるという因果関係で説明されます。ここでの支援の目標は、その原因となる病気や障害を取り除くこと、つまり治すことになります。これには、医師などの専門職が主体と

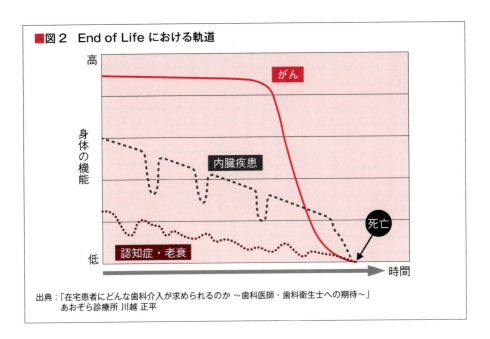

■図2　End of Life における軌道

出典:「在宅患者にどんな歯科介入が求められるのか 〜歯科医師・歯科衛生士への期待〜」
あおぞら診療所　川越 正平

なり、本人は客体として専門職の判断に従って治療を受ける構造が有効だと考えられていました。

「病気を取り除くことが目標となる『医療モデル』を前提にすれば支援は病院で完結しうるわけです」と堀田さんは言います。

これに対して、「生活モデル」は、QOLが広範な環境的要因の連鎖によって規定されるという因果観である点が、「医療モデル」と大きく違っています。

ここで目標となるのは、病気や障害があってもなくても、その人らしく充実した生活を送れるようにすること、すなわちQOLの改善です。

堀田さんは、「QOLの向上を目指そうとすれば、その資源はその人の暮らしの場全体に広がっているはずです。住んでいるところの周辺のつながりかもしれないし、仕事や学び、趣味のつながりかもしれない。

「エコシステム的にその人の生活問題を把握して、QOL改善を目標とするケアは、必然的に地域に至るということができるのではないでしょうか」と指摘します。

さらに、「最近では、人と人との交流や社会参加、助け合いやそこから生まれるお互いさまの気持ちや信頼感は、健康に影響を及ぼす要因として知られるようになってきました。地域のソーシャル・キャピタル（社会関係資本）を豊かにしようという取り組みは、健康づくりや介護予防にもつながるという側面もあるのです」と言います。

よりよい実践ができているか自分のケアを問い直すところから始まる

堀田さんは「QOLというのは究極的には客観的にも主観的にもわからないものです。だからこそ一人ひとりの専門職が、いま一度よいケアが実践できているかを問い直すこと、問い続けることが大切」とも語っています。

かつては高齢者を施設に"収容"し、ベルトコンベアーのような集団介護を提供するのが当たり前、という時代がありました。それに疑問を感じた専門職が、少しずつケアのあり方を変えていった先に、今の「生活モデル」の実践があるともいえます。

「誰のため？ なんのため？ と立ち止まってみる、あるいは自分だったら？ と時には想像してみるのもよいのかもしれません。自分や家族にケアが必要になったとき、勤務先のサービスを使いたいかと尋ねると半分以上の方が『使いたくない』と答えているという調査もあるのです」

ちょっと驚くような話ですが、堀田さんは、この事実をチャンスだと言います。

「専門職として一人ひとり異なり、変化していく本人に

とっての最善を追求できているのか。必ずしもできていないと感じているあなたは、きっとひとりじゃない。同じ思いを抱えている仲間がいるということです。逆にいえば、それを口に出せばともによりよいケアに向かっていける余地が大きく残されているのだと思います」

　堀田さんはまた、自分が感じたその思いをどれだけ声に出せるかも大事、と言います。

　「制度や組織の枠組みに合わせて『何ができるか』を考えるのではなく、ひとりひとりの利用者・住民の持つ力を信じ、変わりゆく可能性と制約を見極めながらQOLを追求し続けることです。介護保険や医療保険等の制度や報酬の定期的な改正・改定は、地域から『生えてきた』より効果的で効率的なケアのイノベーションを反映する機会でもあるわけで、実際に、たとえば地域密着型サービス等もそうしたなかで創設されたものです。

　本人にとっての最善を自由な発想で問い、よりよい生活のなかでの経験をともにつくり出していくことが、地域づくりにもつながるのではないでしょうか」

ここがポイント！

本人の選択に向け 先の見通しとリアルな選択肢を

　一方、堀田さんは、ケアに関わる専門職に求められるコンピタンス（能力）も変わってきたことを指摘します。

　「WHOが示している、慢性疾患ケアのためのコアコンピタンスには、5つの柱があります（**図3**）。『生活モデル』を前提にすると、専門職と患者・利用者の関係も変わっていきます。だからこそ、求められているコンピタンスも変わっていくといわれているのです」

　かつての専門職と患者関係の理解のために、堀田さんは社

■図3　慢性疾患ケアのためのコアコンピタンス

1. 患者中心ケア
- 効果的なコミュニケーション
- 健康行動変容のサポート
- セルフマネジメント支援
- プロアクティブアプローチ

2. 協働（Partnering）
- 患者と
- 他の提供者と
- コミュニティと

3. 質向上
- プロセス・成果の測定
- 学習→変化
- エビデンスを実践に反映

4. ICT
- 患者の登録
- パートナーとのコミュニケーション
- コンピュータ技術の活用

5. 公衆衛生視点
- Population-based care
- 予防重視とケアの連続を横断する働き
- プライマリケア主導のシステム

出典：WHO（2005）、Nolte and McKee（2008）をもとに堀田作成

会学者T・パーソンズの「病人役割論」を紹介します。病気にかかった人は、通常の社会的役割の責任が免除され、病気という状態に対して責任をとらなくてもよい。治療は医師という専門職に委ねてよいと認められるといった考え方です。

「専門職は与える人・主体であり、患者はそれを受ける人・客体であるという図式です。病院という場を前提にすれば今もあてはまるかもしれません。でも、誰も病院で『生活』したいとはふつう思っていません。

では病気や障害とともに生きる人を、暮らしの場でどのように支えていけばよいのか。『慢性疾患ケアモデル』（**図4**）はそれを表したものです」と堀田さん。

これは1990年代に北米で開発されたものですが、いまはいくつかのバリエーションが知られ、世界的に普及しています。病気や障害とつき合いながら暮らす方々を支えて

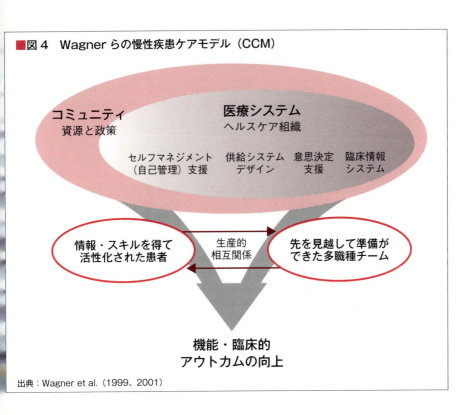

■図4 Wagnerらの慢性疾患ケアモデル（CCM）

出典：Wagner et al.（1999、2001）

いくうえで基盤とされているのは、「情報・スキルを得て活性化された患者」と「先を見越して準備ができた多職種チーム」の「生産的な相互関係」だと、堀田さんは語ります。

「患者は客体ではありません。どこでどのように生きていきたいのか。どうやったらよりよく生きていけるのか。その手がかりを持っているのは言うまでもなく本人です。

素人専門家という概念がありますが、すべての人がその人自身の心身の専門家なのです。専門職は、それぞれの専門性を活かして、本人が道を決めていけるよう、旅路と選択肢を示すこと＝『プロアクティブ』であることが求められます」

プロアクティブアプローチは、WHOの「慢性疾患ケアのためのコアコンピタンス」でも、一つ目の「患者中心ケ

ア」の中に挙げられています。

「QOLを目標にすれば、正解はありません。本人が"自分らしい"暮らしとそのための手立てを何とか選び取っていくには、まず医療職が本人や家族、介護職から生活に関する情報も入手しつつ、診断や治療方針、今後の見通しを示すこと、それを前提とした具体的な選択肢が欠かせません。これからはさらにそれぞれの可能性とリスク、費用等も求める人々が増えてくるかもしれません」と堀田さん。

たとえば、ヘルパーだけでなく、医師や看護師、リハビリテーション職、薬剤師、栄養士、歯科衛生士など、様々な専門職による、生活リズムに合わせた訪問を在宅で受けられることは、まだ一般にはあまり知られていません。小規模多機能型居宅介護や看護小規模多機能型居宅介護のような、「訪問」「通い」「泊まり」を組み合わせたサービスの存在や、それを利用しながら在宅で暮らすイメージも、広く共有できているとはいえないでしょう。

療養の場ひとつとっても、病院や施設以外にも様々な選択肢があることや、地域でずっと暮らしていけることは、まだまだ理解されていません。

「どの選択をするとどのような暮らしが待っているかについて、どれだけリアルに示すことができるか。それに基づいた本人の選択に伴走しつづけることができるかが問われているのです」と、堀田さんは言います。

地域全体の現在の姿と将来を見通したありたい姿の共有を

本人本位の支援のためにその人の先の見通しを立てることが必要なように、地域づくりにおいては、地域全体の現在と将来見通し、ありたい姿を共有することが重要です。

そもそも、地域包括ケアは世界的には2つのコンセプトの組み合わせといわれています。一つは、「地域を基盤とするケア」。これは、公衆衛生の視点から地域の健康上のニーズ、健康に関する信念や社会的価値観に合わせて、地域社会の参画のもとに創っていくケアを意味します。

もう一つは「統合ケア」。これは、診断、治療、ケア、リハビリテーション、健康増進に関連するサービスの投入、分配・管理と組織をまとめていく概念です。

このうち、「地域を基盤とするケア」で大切なのは、その地域の今の人口構成、住民の健康状態、社会資源の状況、さらに将来予測される姿を、どれだけ行政、専門職、自治体、そして住民が一緒に認識できるかです。

そして最も重要なのは私たち一人ひとりがどこでどのように生きていきたいのか、自分の身の回りの人にどんなケアをしたいのか、自分自身はどんな人生の最終章を送りたいのかを考え、大切な人たちと対話を重ねることだと、堀田さんは言います。

「自分や自分の家族の将来を思い描いたとき、あったらいいなと思う姿が120％叶えられる地域は、現実を見据えればどこにもありません。危機感を共有したうえで、それでもそこで暮らしたいという人たちが、まぁそこそこいい人生だったなと思えるようにするには、何がクリアされていればよいのか。自分たちの暮らす地域がどんな姿になっていればよいのかを一緒に考えて、行動にうつしていくことが大切なのです」

ゆるやかなチームスピリットを高めることが地域づくりへ

しかし、地域の実情、将来像を知ったら、資源が限ら

れ、悲観したくなるような状況だったということもあり得ます。その状況に打ちのめされ、地域の人々が萎縮してしまうことはないのでしょうか。

　堀田さんは、こう語ります。

「確かに、数字だけを示すと、人がいない、お金がない…と立ちすくんでしまう恐れもあると思います。一方、既に立ち上がっている地域を見ると、もう一度自分たちの暮らしと地域の風景を見つめなおして、身の丈の幸せを紡ぎ出していると感じます」

　実は資源が限られている方が、住民一人ひとりの知恵と力が発揮されるという側面もあるのだと、堀田さんは言います。なんらかの困難とともにある暮らしは、実は知恵の宝庫です。反対にいろいろな資源がそろっていると、住民がそれに寄りかかって"お客さん"になってしまう場合もあります。

「ですから、ないもの、できないことを嘆くのではなく、あるもの、できること、やりたいことに光を当てていくことが、地域づくりの立ち上がりのエンジンになり得るのではないでしょうか」

　では、そのエンジンを動かしていくため、現状と将来像の共有はどのように進めていけばいいのでしょうか。堀田さんは、次のように語ります。

「まず、地域を知ることが出発点です。市区町村の現状分析や将来推計、日常生活圏域のデータの確認、他の地域との比較等には地域包括ケア『見える化』システムの利用も効果的です」

　自分たちのこととしてとらえるためには、日常生活圏域レベルで現状を把握することが重要です。地域診断の結果を住民が共有し、ワークショップ等を通じて地域のビジョンや目標を話し合います。

「最初はこれがあったらいいなと思うこと、それぞれが

厚生労働省：地域包括ケア「見える化」システム
https://mieruka.mhlw.go.jp/

妄想を語るところから始めてもいい。世代やセクター、立場を超えて語り合うと、あるのに活用されていない、もったいないこと、できることがつながっていきます。そうして、地域に関わる人たちが対話を重ねていくことが、ゆるい目標の共有へとつながっていきます」

堀田さんはまた、こうした取り組みを進めていくうえでは、学びあう場とそのデザインも重要なポイントだと言います。

「地域のビジョンをともにする人たちが、その思いに基づく実践をプロセスとともに共有して、効果を検証し、また新たなコトを起こしていくプラットフォームのような場があることは、ムーブメントを加速します。それは構成員が明確に決まった組織や会合とは限らず、時に出入り自由で風が通り、心が動く場のデザインが各地で工夫されています」

地域には、住民一人ひとりの持つネットワーク、地縁の他にも趣味や学び、仕事等の様々なネットワークがあります。

「個とエリアのネットワークとテーマのネットワークが重層的につながっていく。ゆるやかなチームスピリットを高めていくことが、地域づくりにもつながっていくように思います」と堀田さんは語ります。

患者・利用者ではなく人として生きることの支援

では、地域づくりを専門職の立場から考えていったとき、大切にすべきなのはどんなことでしょうか。堀田さんは、患者中心、利用者本位を超えて、どれだけ「人間中心」になれるかが重要だと言います。これには、堀田さんが先に挙げた「慢性疾患ケアためのコアコンピタンス（→P14）」の5つのコンピタンスのうち2つが関係しています。

まずそのうちの一つ、「患者中心ケア」の中には、先に触れた「プロアクティブアプローチ」に加えて、「セルフマネジメント支援」「効果的なコミュニケーション」など、いくつかのサブ項目があります。

「改めて『患者中心』について考えたとき、最も肝になるのは、本人がよりよく生きることができるように、その方向性も一緒に探しながら支援するということではないでしょうか」と堀田さん。

たとえば、「効果的なコミュニケーション」。専門職中心でも消費者中心でもなく、患者中心、さらに人間中心のコミュニケーションになっているのか。そこにはまだ問い直す余地があると、堀田さんは言います。

「専門職が考えるよりよい状態に、患者・利用者を『引き上げよう』としてはいないでしょうか。本人の視点から日々の体験に耳を傾けて、患者・利用者としてではなく、人としてその価値観や人生観の全体を尊重しようとしているでしょうか」

次に、「人間中心」に関わるもう一つのコンピテンス、「協働（パートナリング）」についてです。地域包括ケアでは「多職種協働」ということがよくいわれます。

「これからますます介護や医療等の様々なケアやサポートを使いながら暮らす方々は増えるでしょうから、法人を超えた多職種の協働はもちろん重要です。ただ、その目的は、本人のベストインタレスト（最善の利益）の追求であることを忘れてはならないと思います」と堀田さん。

「顔の見える関係」をつくること自体が目的化し、本人が不在になっていないかと警鐘を鳴らしているのです。

「パートナリングには、『他の提供者と』の前に『患者と』、そして『コミュニティと』の３つが含まれています。まず本人と協働できているのか、いま一度振り返ってみることが、本人中心の目標共同体としてのチームスピリットを高

めることにつながるかもしれません」

堀田さんはまた、コミュニティとのパートナリングの意味についても指摘します。

「ケアの視点から地域づくりが求められる背景については冒頭にお話ししたとおりです。地域との協働は、患者や利用者としてではなく、人として出会うという機会を広げることにもつながります」

> ## 自分を縛り、閉じ込める
> ## 狭い枠から自由になる

ここがポイント！

「地域包括ケア、地域共生の本質は、『人間復興』なのではないかと思っているんです」と堀田さん。

患者と専門職、利用者と提供者、受け手と支え手という関係を突き抜けて、同じ地域の一員である生活者としての顔を取り戻すことがカギではないかと言うのです。

「日本の社会保障制度は、病気や障害、介護、出産・子育てなどの人生において支援が必要となる典型的な要因を想定して、子・障害者・高齢者等の対象者ごとに制度や事業の整備がはかられてきました。暮らしの場である地域だからこそ、ケアをとりまくシステムのなかで失われてきた様々な"人間的な"要素や関わりの再生、患者・利用者、家族、専門職等という立場を超えて人としてのキャパシティを引き出しあえる可能性があるのではないかと思うのです」

もともと、人は自分のことは自分で決めたいもの。そして、どう行動するかは自分なりに優先順位をつけながら選択しているものです。身の回りの人を気にかけ、何かできることがあれば助けになりたいというのもまた基本的な本性として人に備わっているのではないかと、堀田さんは語

ります。

「それが、患者 – 専門職、利用者 – 提供者という顔に縛られると、狭い枠の中に閉じ込められてしまいます。そこを専門職が鎧(よろい)を脱ぐこと、患者・利用者ではなく一人の人として尊重することによって、どれだけ開いていくかが大切だと思うのです」

それはつまり、看護や介護の専門職もまた、一住民としてハッピーなことをやっていこうということだと、堀田さんは言います。

「ふと気がつくと日々の支援が形式化して、自分自身が何かの部品のように感じられてしまう瞬間があると思うのです。そう感じたら、自分自身に問うてみればいいのです。

これで本当に自分はハッピーなのかと。こんなはずではなかった。専門職として、こんなつもりでこの仕事に就いたわけではない。そう思いながら日々の仕事に向かっている人は、実は少なくないと思うのです。

「人間中心」という言葉には、専門職もまた介護や医療等の専門性を持った一人の人間としてよりよく生きることが大切という意味も込められている、とも。

「あなたも知らぬ間に、機械のようになっていませんか、と問いたい。あなたにとってもハッピーな場をデザインしていくことが、手がかりになるのかもしれません。大切なのは、普通に生きることなのです」と、堀田さんは訴えます。

「相対する関係」ではなく「隣にいる関係」に

日々の普通の暮らしでは、私たちは仕事や家事、習い事や趣味に取り組んだり、他者と交流したり、様々な楽しみを感じながら過ごしています。暮らしの豊かさは、介護保

険や医療保険等に基づくケアやサポートだけでまかなわれるものではありません。また、普通の暮らしの中では、高齢者だけ、同じ障害を持つ人だけが1カ所に集められて過ごすということもありません。世代も背景も異なる人々が入り交じって過ごしている。それが普通の暮らしです。

「病院や施設等で働く専門職が、本人の家を訪ねてみてその表情や暮らしぶりに驚かされるという話は珍しくありません。病院・施設ではどうしても患者・入居者として時に一方的にケアを受ける立場に置かれがちですが、家では主としての顔があり、居場所と出番があります。これまでの生活の継続がある地域では、病気や障害にだけ焦点が当たることなく、得意なこと、好きなこと、その人の持ついろいろな面が発揮されやすい。

そうした本来ある、普通の暮らしを取り戻していくことを通じて、ケアする側とされる側という固定された関係を取り払っていくことができるのかもしれません」と堀田さん。

とはいえ入居者と施設職員、利用者とヘルパー、診察室にやってきた患者と医師として出会えば、どうしても支援する側とされる側になってしまいがちです。それが、同じ利用者・患者と専門職であっても、関係は変わってきます。いかにして狭義のケアに縛られる関係を取り払うか。相対する関係ではなく、"隣にいる関係"を演出できるか。それが大切なのだと、堀田さんは指摘します。

「慢性疾患ケアモデル（→P15）の中で、『情報・スキル

を得て活性化された患者』と『先を見越して準備ができた多職種チーム』の『生産的相互関係』を支えるのは、活性化されたコミュニティだといわれています。

定められた時間に定められたケア行為を確実に行うことそのものに集中してしまいがちな時間とは別に、たとえば隣でお茶を飲む、一緒にお出かけをする場面が持ててこそ、わきあがってくるフラットな関係もあると思います。

ここがポイント！

柔軟なサービス提供が行いやすい地域密着型サービスの活用、あるいは地方創生の取り組み等とも連動して、あるエリアや町全体を"ごちゃ混ぜ"にしていくことで、利用者・患者、専門職という立場を超えて様々な力が発揮されていく。それこそが『人間中心』なのだと思います」

支援が必要になってから専門職と出会うのでは遅すぎる

そうしたごちゃ混ぜの環境は、専門職にとってもわくわくするものであるはずだと、堀田さんは言います。

「人の人生・生活は個別的で複雑、ありように正解はありません。一人ひとりの持つ力を信じて、それが発揮される環境を様々調整していく。そして、普通の暮らし、つまりごちゃ混ぜだからこそ、その人の持つ新たな可能性が引き出されていく。とてもクリエイティブな支援です」

ただ、支援を必要としている人が持つ様々な課題に統合的にアプローチするには、一人の専門職だけでは困難です。だから多職種がつながっていくことが必要なわけですが、それ以前に、支援が必要な人と専門職との出会いが遅すぎることも、堀田さんは指摘しています。

「病気や障害等によって、できていたことがうまくいかなくなっていく、今までの自分でなくなっていく…不安や

悲しみ、やるせなさを抱えているときに、初めて出会う人にドアをノックされても、なかなか受け入れがたいわけです。一方、専門職の方は、その人の"物語"をしっかりと尊重しながら、その人が地域から切り離されずに生活できるよう支援したいと考えています。この両者の思いをうまくマッチさせるには、もっと早くから出会っておく必要があります。地域づくりは、このことにもつながるのだと思います」

　病気になる前に出会っていれば、その人の生活の継続を考える手がかりは多くあります。何を大切にして生きてきたのか。何に興味を持っているのか。どんなネットワークを持っているのか。そうしたことを知っていれば、支援を組み立てやすくなります。

「患者・利用者と専門職という関係ではなく、"人として"出会えることも大切です。施設等の壁を超えて地域に出ていくこと、生活者としてまち歩きを楽しんでみることも第一歩となります」と堀田さん。

　出会いを早めるためには、必ずしも新しく場をつくる必要があるとは限りません。

「その町で人が集まっている場所はどこか。お寺かもしれないし、フィットネスクラブかもしれない。そこを手がかりにして、何かあったらつながれるよう仕掛けていくという方法もあるのではないかと思います」と堀田さんは言います。

「こんな場所にしたい」と"旗"を立てれば人が集まる

　では、実際、地域で多くの人を巻き込んで、動かしていくにはどうすればいいのでしょうか。町づくりの講座など

があちこちで開かれるようになってきましたが、堀田さんは、ただ学ぶだけでは不十分だと言います。

「先進的な事例の理念や展開プロセス、技法を学ぶことはもちろん大切です。しかし、それだけでなく、いま一度自分の今後の人生に思いをめぐらせ、家族と対話する。その舞台である地域を知り、どんな地域にしていきたいのかを考える。そして個人として、所属する組織やネットワークとしてできることを行動にうつしていくことです。こんな地域にしたいという"旗"を立てれば、『おもしろそうだ』と感じた人たちが集まってきます」と堀田さん。

また一方で、わき上がってきたアクションを持続させていくための仕組みも必要です。

「地域支援事業をはじめ、住民主体の地域課題解決を後押しする事業は、分野ごとにいろいろあります。地域活動の展開やそのバックオフィス機能の強化のためにプロ・ボノを活用している例も見られます。また、領域を超えて地域資源を活用しながら地域の新たな経済を生み出す事業モデルも生まれてきています。多様な領域で地域のビジョンを共有し、アクションを展開する中で、人・モノ・情報・想いとお金がめぐる新たな"循環"への突破口が見つかるかもしれません」と、堀田さんは今後への期待を示し、締めくくってくれました。

2章

つながる・巻き込む・支え合う
地域づくりの実践例

今、全国で様々なかたちの「地域づくり」への取り組みが進んでいます。ここでは、福祉や高齢者介護の分野で積極的な地域づくりを行っている10組の法人、団体の例を紹介します。

1. 地域を支える新しいケアスタイルの創造
   - アザレアンさなだ（長野県 上田市）
   - 銀木犀（千葉県 浦安市）
   - ぐるんとびー駒寄（神奈川県 藤沢市）

2. win-win の関係が生む地域活性化
   - エムダブルエス日高（群馬県 高崎市）
   - むさしの園（埼玉県 狭山市）

3. 住民ぐるみの地域での支え合い
   - 黒田キャラバン・メイト（静岡県 富士宮市）
   - おおた高齢者見守りネットワーク・みま～も（東京都 大田区）
   - 鞆の浦・さくらホーム（広島県 福山市）

4. 住民を巻き込んでいく専門職のコラボレーション
   - 新宿食支援研究会（東京都 新宿区）
   - 南砺の地域医療を守り育てる会（富山県 南砺市）

施設、在宅、地域。
どこで暮らしても幸せだと思える
環境と住民意識をつくる

アザレアンさなだ（長野県 上田市）

上田市真田町

　長野県東部に位置し、2016年の大河ドラマ「真田丸」でも知られる真田氏発祥の地である。小県郡真田町として存立していたが、2006年3月、市町村合併により分権型合併。真田町の中心地域には、地域自治センター、総合福祉センター、保健センター、老人福祉センター、図書館、中学校、保育園、消防署などが立ち並ぶ。1993年4月に、当時の真田町行政と社会福祉法人の一体的な高齢者福祉推進により、「アザレアンさなだ」がつくられた。

　長野県上田市真田町にある高齢者複合介護施設。1993年開設の長期入所50床の特別養護老人ホーム（現在は30床）からスタート。その後、デイサービス、配食サービス、訪問入浴サービス、24時間ホームヘルプサービス、逆デイサービス、グループホーム、個室ユニット型ショートステイ、グループリビング、訪問看護サービスなどを、介護保険制度開始前から手がけてきた。地域包括ケアの先駆的存在である。ケアのレベルも高く、早朝に外出するのが好きな利用者がいれば、職員が勤務シフトを変更して早朝から散歩につき添うなど、どんな利用者にも徹底的に利用者本位で関わる。そのケアの姿勢は「アザレアン魂」と呼ばれている。

名　称	高齢者総合福祉施設　アザレアンさなだ
所在地	長野県上田市真田町長7141-1
設立年月	1993年4月
運営法人	社会福祉法人　恵仁福祉協会
代表者	理事長　黒澤博身 総合施設長　宮島 渡
従業員数	254名（2017年2月末現在）
事業内容	介護老人福祉施設、地域密着型介護老人福祉施設入所者生活介護、サービス付き高齢者向け住宅、小規模多機能型居宅介護、認知症対応型共同生活介護、通所介護、宅幼老所、認知症対応型通所介護、訪問入浴介護、訪問看護、訪問介護、有償日常生活支援サービス、定期巡回・随時対応型訪問介護看護、居宅介護支援、配食サービス

2章—1 ●地域を支える新しいケアスタイルの創造
アザレアンさなだ

アザレアンさなだの

❶ 自己決定できる選択肢の整備
❷ セカンドベストの用意
❸ 支え合う住民意識の醸成

KEY POINT ❶ 自己決定できる選択肢の整備

▶ 地域で暮らし続けるための様々なアイデア

　「アザレアンさなだ」が、長野県小県郡真田町（現・上田市真田町）に50床の特別養護老人ホームを開設したのは、1993年（現在は30床に削減）。1989年に在宅福祉を推進するゴールドプラン（高齢者保健福祉推進10ヵ年戦略）が策定され、1990年の社会福祉8法改正に基づいて、全市町村と都道府県に「老人保健福祉計画」策定が義務づけられたすぐあとのことです。真田町では、行政主導で「ふれあい福祉健康ゾーン」が定められ、「アザレアンさなだ」はそこにつくられました。当時は、まだ「隔離収容型」の施設が多かった時代。開設に当たって、総合施設長の宮島渡さんは「自分が利用したい施設をつくろう」と考えたといいます。しかし、開設後1年ほどたつと、宮島さんの考えは変わっていきました。

　「果たして自分は施設に入りたいと思うだろうか、と考えたんです。施設には、自宅で暮らせなくなった人が入所します。でも、でき

アザレアンさなだの総合施設長
宮島渡さん

ゴールドプラン● 1989年に策定された「高齢者保健福祉推進10ヵ年戦略」の通称。ホームヘルパー、デイサービス、ショートステイなどの自宅福祉政策の整備、特別養護老人ホーム整備など、在宅福祉対策を中心としたサービス整備の計画。

社会福祉8法改正●ゴールドプランの策定を受けて、1990年に行われた社会福祉法、老人福祉法など関連8法の改正。市町村主体の施策の重視や在宅福祉の充実を目的としており、地域包括ケアシステム構築の出発点ともいえる。

老人保健福祉計画●「いつでも・どこでも・誰でも保健福祉サービスを受けることができる」ことが基本理念。要介護高齢者数の推計を元に、必要とするサービスの整備目標を立案した。現在は、高齢者保健福祉計画に代わっている。

ふれあい福祉健康ゾーン●旧・真田町が、町の中心エリア8万㎡に、真田町庁舎（現在の真田地域自治センター）、中学校、福祉センター、消防署などを集めてつくった。アザレアンさなだや住民のための日帰り温泉施設もある。

29

ればうちにいたいと思うのではないかと。それなら、施設に入って安心するか、それとも、いろいろ不安はあるけれどうちで暮らし続けるか。そんな選択ができることがいいのではないか、と考えるようになりました」と宮島さん。

「アザレアンさなだ」による、地域での暮らしを支えるアイデアの実践は、そこから始まりました。地域の公民館を利用した地域密着の「サテライトデイサービス」。特別養護老人ホームで小ユニットの疑似家族的なケアを行う「お座敷（グループリビング）」。特別養護老人ホーム入所者が、日中、地域の民家に出かけていって過ごす「逆デイサービス」。高齢者だけでなく障害児者等も対象に、「通う・泊まる・住む・訪ねる」サービスを提供する「宅幼老所」。地域の中で暮らせる小規模の「サテライト型居住施設」。「アザレアンさなだ」が先駆的に取り組み、生み出したこうしたサービスは、逆デイサービスが地域でそのまま暮らす「認知症グループホーム」に、宅幼老所は「小規模多機能型居宅介護（以下、小規模多機能）」に、サテライト型居住施設は、「地域密着型介護老人福祉施設入所者生活介護」に、それぞれ形を変えて制度化されていきました。

そして、「アザレアンさなだ」は本体施設である特別養護老人ホームと連携しながら、周辺の４つの小学校区ごとに、民家等を活用した認知症グループホームや宅幼老所、小規模多機能などの地域密着のサービスを提供する体制を整えていったのです。「地域分散型サテライトケア」。住み慣れた地域で我が家と同じような感覚で過ごせるサービスを、「アザレアンさなだ」はそう名づけました。

▶在宅がよくて施設はダメ、ではない

宮島さんは、この「地域分散型サテライトケア」を進めながら、介護が必要になった地域住民を支えていくには３つの要素が必要だと考えていました。それは「自宅の施設

隔離収容型●高齢者、障害者などを一般住民から切り離し、人里離れた場所にある施設に入所させていたことを指している。

サテライトデイサービス●1994年に「アザレアンさなだ」が始めた、「出前型」のデイサービス。送迎に30分かかる菅平地域で、日中使っていない公民館の１室に職員が出向き、行っていた。

グループリビング●1996年、「アザレアンさなだ」が特別養護老人ホームの１室を改修し、テーブル、食器、家電を持ち込んで始めた、利用者５人での小ユニットのケア。ユニットケアの原点である。

逆デイサービス●1997年、「アザレアンさなだ」が始めた、地域の民家に日中、入所者と職員が出かけていって過ごす試み。民家で共に食事づくりなどをすることで、入所者の生活者としての能力を引き出していた。

宅幼老所●2002年に「アザレアンさなだ」が開始した、民家を使用したデイサービス。家庭的な雰囲気の中で、地域住民や子どもたち、障害を持つ人たちも一緒に過ごす。

サテライト型居住施設●特別養護老人ホームでも、自宅で過ごすように暮らしてほしいとつくられた、玄関のある10の個室で10人が暮らす居住施設。介護保険制度上の名称は、地域密着型介護老人福祉施設入所者生活介護。

2章—1 ●地域を支える新しいケアスタイルの創造
アザレアンさなだ

「アザレアンさなだ」の取り組みは、後に制度化されたものが多い。写真は認知症グループホーム。家族のようにテーブルを囲めるよう6名を入居定員としている

認知症グループホーム●認知症を持つ人が、5～9人の少人数で暮らすホーム。職員のサポートを受け、食事の支度や掃除など、自分でできることは自分でやりながら生活する。介護保険制度上の名称は、認知症対応型共同生活介護。

小規模多機能型居宅介護●通い、訪問、泊まりのサービスを、本人の状況に合わせて柔軟に組み合わせて提供する介護保険のサービス。

地域密着型介護老人福祉施設入所者生活介護●入所者30人未満の小型の特別養護老人ホーム。「サテライト型居住施設」はこれに含まれる。

地域分散型サテライトケア●「アザレアンさなだ」が取り組んでいる、住み慣れた地域での暮らしを支えるケア。各地域にサービスを整備し、要介護状態になってもその地域で暮らし続けられるようサポートする。

化」「施設の自宅化」、そして「地域の多機能化」です。
　「自宅の施設化」とは、自宅において24時間365日、施設のように効率的で専門的な介護を受けられるようにすること。「施設の自宅化」とは、施設におけるQOL（クオリティ・オブ・ライフ＝生活の質）を引き上げ、自宅にいるかのような自分らしい生活を継続できるようにすることです。そして、「地域の多機能化」とは自宅でも施設でもな

い第3の選択肢として、地域での自分らしい生活と効率的で専門的な介護を実現する仕組みづくりを指しています。

　この3つを同時に進めて、自宅での介護レベル、施設のQOLを引き上げ、地域で暮らせる仕組みづくりをする。それが実現できれば、自宅、地域、施設のどこでも、専門的介護を受けながら自分らしく暮らせるようになると、宮島さんは考えました。

　地域包括ケアが推進されている今、在宅生活の継続が最善とする考え方もみられるようになっています。これについて、宮島さんは「在宅がよくて、施設がダメだという発想はしないほうがいい」と言います。介護が必要になった人には、家族に迷惑をかけたくないから施設に入りたい、という人もいるのです。

　一方で、家族の側が施設入所という選択をする場合もあります。虐待寸前の状態だった家族が、その選択によって介護負担から解放され、本人とのいい関係を取り戻す。そんなケースも少なくありません。在宅がいい、施設がいいと、介護を伴う生活の場の善し悪しを簡単にいうことはできません。「アザレアンさなだ」では、在宅介護を重視しながらも、本体施設である特別養護老人ホームもまた大切にしています。それは、重い介護負担や老老介護など、在宅での介護が限界になった時には、施設がセーフティネットになると考えているからなのです。

　「だからこそ、自宅にいても施設に入っても、幸せになれる方法を考えなくてはいけないと思うんですよ。よく自己決定が大切だといいますが、選択肢がないところに自己決定はありません。複数の選択肢を用意した先にこそ、自己決定はあるのです」

　この強い思いが、宮島さんを地域づくりに向かわせているのです。

2章—1 ●地域を支える新しいケアスタイルの創造
アザレアンさなだ

KEY POINT ❷ セカンドベストの用意

▶家族との縁をつなぐ玄関のある居室

　家族に迷惑をかけたくないから施設に入る。そう考え、施設入所を選ぶ方にとって、本来、ベストな選択は自宅で暮らし続けることでしょう。では、セカンドベスト、つまり、2番目によい選択肢は何でしょうか。生活圏を変えずに、自宅に近い環境の中で暮らすという選択肢があれば、それがセカンドベストなのかもしれません。

　「アザレアンさなだ」が「サテライト型居住施設」をつくったのは、形は特別養護老人ホームでも住宅を思わせるものにしたいと考えたからでした。つまり、「施設の自宅化」です。そのための挑戦として、本体施設の居室を30床に減らし、2カ所に10室ずつの「サテライト型居住施設」を整備しました。平屋造りの全室個室で、10畳超の広い居室には、掃き出し窓の外のウッドデッキに玄関がしつらえられています。家族や友人は、この玄関を使って時間を気にせずに訪れ、泊まっていくこともできます。

　「居室にはミニキッチンやシャワーもついています。週

広い個室に、使い慣れた家具が持ち込めるサテライト型居住施設。
各室にミニキッチンやシャワー、家族が出入りしやすい玄関もある

研修担当マネジャーの
田中文子さん

末ごとにやってきて、簡単な料理をつくって食事を摂り、泊まってここから出勤していく家族もいました。毎日、奥さんが会いに来る男性もいますし、近くに勤めているからと、お弁当持参で来て一緒にお昼を食べ、仕事に戻る家族もいます」と、研修担当マネジャーの田中文子さんは言います。自宅に近い環境が、入居後も家族との縁をつないでいるのです。

▶ケア付き住宅での"在宅入院"で療養する

　昨今の**医療制度改革**により、入院患者の在院期間は短縮化が進んでいます。身体機能が十分に回復していない人も、早期に退院が促されるようになりました。しかし、老老介護の場合など、入院前より心身の状態が厳しくなった夫や妻を受け入れ、一人で介護していくには相当の覚悟がいります。「これが、うちのサービスを使って親の介護をしたことがある"介護第2世代"なら、なんとかできると考え、在宅介護も視野に入るかもしれません。しかし、介護が初めての第一世代は、まず自宅に戻るという選択をしません。そこで、ケアのついた住宅など、"在宅入院"の場が必要になってくるのです」と宮島さん。

　"在宅入院"とは、フランスなどで実践されている仕組みです。フランスの在宅入院拠点では、在宅医療と訪問看護などを組み合わせて、24時間、自宅で病院と同じ医療や看護が受けられます。一方、日本の今の医療、介護体制では、**回復期病棟**が2～3カ月で退院、**介護老人保健施設**も在宅復帰率を高めるために入所期間を3カ月とするところがふえています。特別養護老人ホームなどの**ショートステイ**にしても、利用期間は1カ月が限度です。療養しながら生活を支える機能を持つ住宅がないと、次々と療養の場を移すことになり、なかなか自宅に帰れる状態になりません。

医療制度改革●2006年度の医療制度改革などにより医療費適正化が推進され、平均在院日数は年々短縮化。2006年には19.2日だった一般病床の平均在院日数は、2016年には15.6日となっている。

回復期病棟●骨折や脳血管疾患の治療が終了し、病状が安定したあと、さらに体や心の回復を図っていくために、リハビリテーションを行う病棟。発症から最長180日まで入院でき、1日最大3時間のリハビリを受けられる。

介護老人保健施設●病院での治療やリハビリが終了したものの、在宅に戻るにはまだ不安がある状態の人を受け入れて、リハビリを行う介護保険施設。

ショートステイ●1日から最長連続30日間まで、宿泊利用で介護を受けることができる介護保険サービス。

2章—1 ●地域を支える新しいケアスタイルの創造
アザレアンさなだ

そこで2016年10月、「アザレアンさなだ」は療養しながら生活できると場として、**定期巡回・随時対応型訪問介護看護**を併設した**サービス付き高齢者向け住宅**を開設しました。自宅には帰れなくても、せめて真田町に戻って来てほしいと考えたからです。そうすれば、入院したことで縁が切れかけていたかかりつけ医との関係が復活し、継続的な医療の環境を取り戻すこともできます。

気候がよいとき、日中だけ自宅に帰ってもいい。家族に部屋に来て過ごしてもらってもいい。そうして様子を見ながら、これなら家でもみられるかなと家族が思えたら、在宅復帰してもらえばいい。「アザレアンさなだ」が「サービス付き高齢者向け住宅」開設によって用意したかったのは、そんなふうに時間をかけて緩やかに介護体制を整えていける環境でした。

「うちにはいろいろなサービスがありますから、家族や本人が自信をつければ、いくらでも在宅で支えられます。反対にいうと、どれだけサービスをつくっても、それだけで在宅介護が広がっていくわけではなかったんだな、と思いましたね」と宮島さん。

住民が意識を変え、「これなら在宅介護できる」という自信をつけなければ、在宅介護は選択されない。地域包括

> **定期巡回・随時対応型訪問介護看護**●ホームヘルパーや看護師による定期的な訪問と、直通電話を使った相談や緊急時の対応、求めに応じた随時の訪問が受けられる介護保険のサービス。
>
> **サービス付き高齢者向け住宅**●高齢者が1人で、あるいは夫婦で入居できる賃貸等の住宅。一定以上の面積や設備を持つバリアフリー構造の住宅で、ケアの専門家による安否確認や生活相談のサービスが受けられる。原則として、介護サービスはついていない。

自宅は無理でも地域に戻りたい、という人のために用意したサービス付き高齢者向け住宅

ケアの先駆者である「アザレアンさなだ」のお膝元であっても、それが現実なのです。

KEY POINT ③ 支え合う住民意識の醸成

▶他人の力を借りて在宅を継続できる関係づくり

病院から家に帰りたい。退院したら家で見てあげたい。でも、自分たちだけでは自信がない——。そんなとき、住民同士の関係が密で、老いを迎えた暮らしを住民主体で支え合える町だったら、自宅に戻れる高齢者が増えるかもしれません。今、上田市の新田地区では、「アザレアンさなだ」も関わり、そんな町づくりに取り組んでいます。活動の中心は、新田地区在住の内科医、井 益雄さんです。井さんは自治会活動の関わりから仲間をふやし、どうすれば介護が必要になっても最期まで暮らし続けられる地域をつくれるか、地域住民と議論を重ねてきました。

「家族の介護力の低下で、帰りたくても自宅に戻れない人もいます。だからこそ、家族だけでなく、地域で支え合える仲間づくりを進め、赤の他人の力を借りて自宅で暮らし続けることを目指しています」と井さんは言います。

いざというとき、ゴミ出しや洗濯などの家事、服薬の確認などを、住民同士で支え合える関係を、元気な今からつくっていく。それを目標とする一方で、議論の中から「在宅介護を支えてくれる、地域の介護拠点が必要だ」という声も挙がりました。それに応える形で「アザレアンさなだ」は、この地区に小規模多機能型居宅介護「新田の家」を開設。「新田の家」が在宅で暮らす高齢者の"生活"を支え、医師である井さんが"命"を支える。そんな連携ができるよ

「新田の風」の理事長を務める、内科医の井 益雄さん

2章—1 ●地域を支える新しいケアスタイルの創造
アザレアンさなだ

小規模多機能型居宅介護「新田の家」

うになり、井さんの患者を中心に最後まで在宅で暮らし、看取っていくケースもふえてきました。

　井さんを中心とした住民活動は、2013年に特定非営利活動法人「新田の風」に発展。宮島さんも副理事長を務めています。

　「井先生も私も、家に帰りたいのに帰れず、亡くなってようやく家に帰れたというような、残念な最期をたくさん見てきました。それを何とかしたい、という思いがあるん

ですね。死を我がこととして考え、老い仕度、死の準備をしていかなくては、思うような人生の仕舞い方はできません。自分はどんな死に方をしたいのかを考える。自分の最期を自分で選んで自分で決める。それをできるようになろうじゃないかということです」と宮島さんは語ります。

▶サービスの整備だけでは人は支えられない

「新田の風」は、認知症支援、小規模多機能型居宅介護施設支援、エンディングノートの作成と普及、ふれあいサロン「風」の運営など、9つの事業チームに分かれ、30歳代から80歳代までの33人が活動しています。

エンディングノート●人生の締めくくりに向けて、家族に伝えたい自分の思いや受けたい医療、財産、葬祭のことなどをまとめて記すノート。

「いのちの選択」は半分に折ると「お薬手帳」と一緒に持ち歩けるサイズ

認知症支援チームでは、「認知症サポーター養成講座」および「認知症ケアレベルアップ研修会」を開催。宮島さんが講師を務め、住民の認知症への理解を深めています。新田地区の小規模多機能型居宅介護施設を支援するチームでは、「新田の家」も訪問。創作ダンスを披露したり、庭にチューリップの球根を植えたりする活動などに取り組んでいます。また、利用者が外に出かけたまま戻らなかった

認知症サポーター養成講座●認知症の特徴や、認知症を持つ人への適切な接し方などについて学ぶ、1時間から1時間半程度の一般住民向け講座。

2章—1 ●地域を支える新しいケアスタイルの創造
アザレアンさなだ

ときには、「新田の風」のメンバーもすぐに捜索活動に加わり、無事発見につながりました。

エンディングノートのチームでは、ノート作成に先立ち、「いのちの選択」シートを作成しました。これは、「病名・病状の告知について」「余命の告知について」「終末期の医療について」「終末期での、望む生命維持処置」「最後の時はどこで迎えたいか」の項目ごとに、複数の選択肢から自分で選んでチェックし、家族の同意と自分自身の署名をしておくというもの。「お薬手帳」と同じサイズにし、一緒に持ち歩けるよう工夫されています。

「いざというときに支え合おうとしても、本人がどう支援してほしいかが周囲にわからないと、適切な支援ができません。だから、エンディングノートが必要なのです。最終ゴールは安らかな看取りです。そのゴールに向けて、小規模多機能や専門職チームにももちろん力になってもらいますが、あくまでも住民主体で支え合える関係をつくっていきたいと思っています」と井さんは言います。地域で暮らし続けるためのサービスの整備に努めてきた宮島さんは、この20余年を振り返ってこう語ります。

「サービスをいろいろつくっていく過程では、これだけ揃えれば地域での暮らしをある程度支えられるのではないかと思ったこともありました。でも、サービスだけではどうしても隙間ができてしまう。どれだけサービスを揃えても、人を支えるという事業は完結しないんです」

今、その隙間を埋めているのは、結局は家族です。しかしそれでは、井さんが指摘していたとおり、介護力のない家庭では在宅復帰がかないません。だからこそ、そこを家族だけでなく住民同士で支えていける関係が必要です。家族、専門職に加え、住民も協働しながら支え合う。井さんと宮島さん、そして「アザレアンさなだ」がつくろうとしているのはそんな町なのです。

お薬手帳●薬が処方された日、薬名、効能、使用法などを記録できる手帳。薬局で買うことができる。

生き生きと暮らし安心して死ねる。そんな居心地のいい住宅、町づくりを目指す

銀木犀（千葉県 浦安市）

千葉県浦安市

浦安市は千葉県北西部に位置し、東京ディズニーランドが立地する市として全国的に知られる。銀木犀を運営する(株)シルバーウッドは、鉄鋼販売事業を基本事業とし、浦安市の鉄鋼通りに本社を構える。軽量ながら強度の高い「スチールパネル工法」を開発し、この工法を用いた高齢者住宅を手がけるうち、2008年、自社でのサービス付き高齢者向け住宅運営に乗り出した。2016年12月には、本社がある浦安市に6棟目のサービス付き高齢者向け住宅を開設した。

千葉県や東京都北東部を中心に展開しているサービス付き高齢者向け住宅。住宅の職員のほか、併設する訪問介護事業所のヘルパーも空き時間に支援に入る。入居者ができるだけ自立して暮らせるよう、職員は過剰な支援を行わない。また、イベント、アクティビティの多さも特徴で、入居者それぞれにとっての楽しみを引き出している。その人らしく過ごした終着点としての看取りにも定評がある。高齢者住宅のイメージを覆す、スタイリッシュな建築デザインへの評価も高い。

名　　称	サービス付き高齢者向け住宅　銀木犀
運営法人	株式会社シルバーウッド
法　人所在地	千葉県浦安市鉄鋼通り1-2-11
設立年月	2000年12月
代表者	代表取締役　下河原忠道
従業員数	203名（2017年2月末現在）
拠点数	サービス付き高齢者向け住宅／6拠点 グループホーム／2拠点
併　設事業所	居宅介護支援事業所、訪問介護事業所、定期巡回・随時対応型訪問介護看護事業所（拠点により異なる）
運営法人の事業内容	薄板軽量形鋼造の構造設計、構造パネルの製作、販売、施工、施工管理／高齢者住宅・施設等の企画・開発・設計施工／高齢者住宅（サービス付き高齢者向け住宅　銀木犀）6拠点・施設（認知症対応型共同生活介護　銀木犀）2拠点の運営／VRコンテンツの企画開発

2章—1 ●地域を支える新しいケアスタイルの創造
銀木犀

銀木犀の KEY POINT

❶ 地域住民の力を借りる
❷ 地域の看取りの場の一つとなる
❸ 認知症への認識を変える

KEY POINT ❶ 地域住民の力を借りる

▶閉じこもる入居者に対して何ができるか

　「うちは高齢者住宅事業者ですから、地域の方々との接点をつくる必要性は、正直なところ、始めた当初はあまり感じなかったんです」というのは、下河原忠道さん。

　東京、千葉で、**サービス付き高齢者向け住宅**（以下、サ高住）「銀木犀」6棟（2016年11月現在）を運営する、株式会社シルバーウッドの代表取締役社長です。しかし、下河原さんは入居者を見ていて、外出する機会が少なく、家族などの訪問客もあまりいないことに気づきます。住宅の中に閉じこもり、所在なげに過ごす入居者たち。彼らから聞こえてくるのは、「暇だ」「つまらない」という声でした。

　「最初は、そんなこと言っていないで、1人でも家族とでも出かけてよ、と思ったんです（笑）。でも、自分自身を振り返っても、親のところにそれほど頻繁に足を運ぶことはできません。ましてや、高齢者住宅に入居すると、入居日に送ってきたきり、一度もいらっしゃらないご家族もいます」

　周囲との"つながり"が薄れた入居者に対して、何ができるのか。下河原さんは考えました。

　「うちでは訪問介護事業所と**居宅介護支援事**

> サービス付き高齢者向け住宅 ▶ P35 参照

銀木犀を運営する（株）シルバーウッドの代表取締役、下河原忠道さん

業所を併設していますが、住宅の職員は1人しかいません。その1人の職員が、入居者全員のお相手をするというのは現実的ではないですよね。だとすると、ご家族の力を借りるか、地域の人たちの力を借りるか。それが、地域に向けて働きかけていこうと考えた、最初のきっかけだったと思います」

まず取り組んだのは、「銀木犀まつり」です。小規模なものを単発で時々催し、徐々に定例化。綿菓子や型抜きなど子どもの喜ぶ出店を用意するほか、参加自由の「ドラムサークル（→P44）」や盆栽教室を開催したり、共用スペースでビュッフェ形式の食事や本、マンガを自由に楽しんでもらえるようにしたり。住宅内に気軽に足を踏み入れてもらうことで、「銀木犀」を知ってもらい、地域住民との距離を縮めていこうと考えたのです。

▶イベントで地域住民を呼び込む

地域住民との距離を縮め、関係を築いていく取り組みは、「銀木犀まつり」だけではありません。ワンコイン500円でプロの演奏家のピアノリサイタルなどを体験できるライブ。学生ボランティアを募り、学びたい小中学生の勉強をサポートする"寺子屋"。夏休みの宿題を持ち寄り、勉強+食事を楽しむ"みんなの食堂・ビストロ銀木犀"。実に様々なイベントが開催されています。このほか、「ヒミツキチを作ろう！」と題したイベントでは、集まった大学生や地域の子どもたちと入居者など約100人が、グループに分かれてヒミツ基地をつくり、大いに盛り上がりました。

「イベントを開催するときには、キャッチーなタイトルをつけて、ポスターやチラシも工夫します。地域の人に配ったときに、『なになに？』って興味を持ってもらえるようなデザイン性はとても大事だと思っています」と下河原さん。

こうしたイベントに加え、学習療法の先生を地域の有

居宅介護支援事業所●ケアマネジャー（→P67）が勤務する事業所。

銀木犀まつり●「銀木犀」の各住宅で、年数回〜月1回程度開催している地域交流イベント。地域住民は自由に銀木犀の共有スペースを見学することができる。

キャッチー●目を引く、耳を引くなど、おもしろくて覚えやすい、多くを惹きつけそうな、というような意味。

学習療法●認知症の症状維持や改善を目的としたプログラム。音読や簡単な計算をするだけでなく、1対1、あるいは1対2で向き合う支援者とコミュニケーションを図ることで、脳を活性化させる。

2章—1 ●地域を支える新しいケアスタイルの創造

銀木犀

近隣の子どもたちや住民との距離を縮めるために、定期的におまつりを開催している

償ボランティアに担ってもらったり、自治会の集まりやヨガグループなど地域住民の活動に場所を提供したりするなど、日常的にも地域住民との関わりを取り入れています。人を呼び込むツールとして、1階フロアの一角に"駄菓子屋"を設けた住宅もあります。駄菓子屋では入居者が店番を務めており、地域の子どもたちとの交流が生まれています。

「おつりを間違えたら、子どもたちが教えてくれたり、自然な関わりができていますね。学習療法は週に2,3回やっています。1日に数人の入居者に、30分から1時間程度、1対1か、1対2で対応してもらっています。計算などに取り組んで脳の前頭前野を刺激する効果もありますが、僕は学習療法の一番の効果は、コミュニケーションだと思っているんです」と下河原さんは言います。

高齢者住宅で暮らしていると、じっくり誰かと向き合って過ごす機会はなかなかありません。学習療法は、入居者と住民ボランティアを結ぶコミュニケーションのツールになっているのです。

目を引くデザインのチラシで子どもや住民を呼び込み、おいしく食べて楽しんで帰ってもらう

▶目標を持って暮らし、活動する風土に

「銀木犀」では、このほかにも様々なアクティビティを取り入れていますが、ユニークなのはただの"お楽しみ"で終わらせないところです。たとえば、「銀木犀」で人気のアクティビティに、「ドラムサークル」があります。これは円形に並べたドラム（太鼓）を取り囲んで座り、ファシリテーター（進行役）の合図に合わせて、みんなで即興演奏するというもの。脳トレで知られる川島隆太東北大学教授のアドバイスで始めた、認知症ケアのプログラムです。

「たたき始めは音がバラバラ。でも、たたいているうちに不思議とだんだんそろってくるんです。その**グルーヴ感**が認知症にいいらしい。それに、演奏が終わると、隣に座っている職員が『すごくよかったよ！』と、ほめちぎるんです。これは、"**即時フィードバック**"という教育心理学の技法です。高齢者に限らず、大人になると、普段、人から思い切りほめられることってあまりないじゃないですか。この刺激で脳が活性化するといわれていますね」と下河原さん。

グルーヴ感●リズムに乗った心地よい感覚。

即時フィードバック●何かをやり終えたあとにすぐにコメントやアドバイスを行うこと。肯定的なコメントをすることで、達成感を高め、次もトライしてみようという前向きな気持ちを引き出すことができる。

2章—1 ● 地域を支える新しいケアスタイルの創造
銀木犀

　「銀木犀」では、「ドラムサークル」のアクティビティで即興演奏の経験を積み、地域のおまつりや敬老会などで演奏を披露する機会も設けています。
　「そういう目標がないと、ただのレクリエーションになっちゃいますから。目標があると、みんな生き生きしてきますよ」と下河原さんは言います。
　老人ホームなどに入居する高齢者は、歌や踊りなど、外部ボランティアなどによる慰問を受ける立場であることが圧倒的に多いもの。しかし、「銀木犀」の入居者は、反対に、地域住民をパフォーマンスで楽しませる立場です。こうした役割の転換も、入居者の生き生きとした表情を引き出す"仕掛け"となっているのです。
　また、「銀木犀」では月1回程度外部講師を招いて、入居者や地域住民がアクセサリーや置物、革細工などのものづくりに取り組む時間を設けています。「銀木犀」ではこれを「クラフトワーク・プロジェクト」と呼んでいます。「銀木犀まつり」で販売することを目的に、「商品」づくりに取り組んでいるのです。クラフトワーク以外にも、陶芸教室で焼いた器に、盆栽教室の講師の指導で植木を植え込んだ「商品」も

円になって思い切りドラムをたたくドラムサークル。たたく音がすると自然とみな集まってくる

クラフトワーク・プロジェクトで、ものづくりに取り組む入居者の表情は真剣そのもの。

あります。これも「銀木犀まつり」で販売したところ、地域住民に大好評で、あっという間に売り切れたといいます。

「クラフトワーク・プロジェクトは、子どもだましみたいなレクリエーションではありません。『ほしい』といわれるものをつくろうと取り組んでいます。ここに入居したら、仕事しなくちゃいけない。そんな文化にしたいですね。私は今までさんざん働いてきたから、という方は、のんびり暮らせる老人ホームに入居したらいい。うちは、最期まで自分でできることに取り組んでもらって、看取っていく。そんな場にしたいと思っています」と下河原さんは語ってくれました。

KEY POINT ❷ 地域の看取りの場の一つとなる

▶その人らしく看取っていく場でありたい

もともとは、比較的元気な高齢者に、見守りの安心を得ながら生活する場として選択されることが多かったサ高住。しかし、最近では、中重度の要介護者が特別養護老人ホームや有料老人ホームの代わりに、サ高住を選択するケースもふえてきました。「銀木犀」では、2011年の1棟

目開設当初から、がんの末期など厳しい状態の人も受け入れています。入居期間は最短だと、1カ月程度のこともあるといいます。

「1カ月だけでも受け入れますよ、というところは、意外にあるようでないんです。病院ではもうみられないけれど、自宅でみるのも難しいという方は、どんどん受け入れなさいといっています」と下河原さん。

一方で、**経管栄養**などの延命処置を施している人の入居は、断っているのだといいます。

「それは、うちの考え方と違いますから。入居者への意向確認調査を見ても、みなさん、延命治療を行わない自然な死を望んでいます。うちとしては、ご本人の希望を聞きながら、特別なことはせずに最期まで見守っていきたいと思っています」と下河原さんはいいます。

とはいうものの、住宅での看取りは、当初、職員にとって大きな不安を伴うものでした。特に、夜勤の時。最期の時が近づき、あえぐような呼吸が始まると、穏やかでいられない職員は少なくありませんでした。

「看取りに関しては、研修を行っています。老衰で死に至るまでの過程を学んで、対応を共有しておけば、必要以上に死を恐れることはなくなります。死は誰にでもいつか必ず訪れるもので、特別なものではないこと。我々は生存期間を延ばすことが仕事なのではなく、その方が亡くなる瞬間まで生活を楽しんでいただけるよう支えるのが仕事であること。それを、何度も伝えてきました。今では、みな、プライドを持って看取りに臨んでくれていますね」と下河原さん。

「銀木犀」では、以前、大腿骨骨折で入院した入居者の女性を、退院時に再び迎え入れたことがありました。治療がすんだら**療養型医療施設**に転院させるといっていた家族を、説得したのです。

> 経管栄養●口から食べるのが難しくなったときの人工的な栄養補給の方法。鼻から胃まで管を通して人工栄養を注入する「経鼻経管栄養」と、胃や腸に開けた穴につないだ管から人工栄養を注入する「胃ろう（→P129）」「腸ろう」がある。

> 療養型医療施設●積極的な治療は必要ないものの、日常的に医療的なケアが必要な人を受け入れて長期療養するための病院。介護療養型と医療療養型があり、介護療養型医療施設は介護保険施設の一つ。

「退院後、居室に様子を見に行ったら、『宇宙食みたいなドロドロのものを食べさせられているんだ』と怒っているのです。何を食べたいか聞いたら、『お寿司を食べたい』という。それで、少し状態が落ち着いてから、お寿司を食べに連れて行きました。誤嚥性肺炎にかかったことのある方でしたから、リスクはあります。でもそのとき、その女性は喜んで２人前食べたんですよ。今ではすっかり元気になり、普通の食事を召しあがれるようになりました」と下河原さん。

病院にいてはまずできない対応です。

「これは少し極端な対応かもしれません。しかし、命を守ることを最優先に考える医療とは違うアプローチが、生活を支える介護にはあると思うんです。食べたいものは何か。やり残したことはないか。本人の望みをかなえる方が生きる意欲につながりますし、職員も支援のしがいがあります」

これからは医師や看護師ではなく、介護士が家族とともに看取る時代になると、下河原さんは言います。

「家族が自宅で看取るのが難しいとき、病院や施設という選択をするのではなく、地域に『銀木犀』という看取りの場があることを思い出してほしいんです」

「銀木犀」が地域に開かれた存在であろうとしている理由の一つは、ここにあるのです。

> 誤嚥性肺炎●本来、食道に入るべき食べ物や飲み物が、誤って気管に入ってしまったことから起こる肺炎。肺炎は高齢者の死因の第３位となっている（2014年）。

KEY POINT ③ 認知症への認識を変える

▶バーチャルリアリティで認知症を体験する

「銀木犀」では、2016 年から新たな取り組みを始めました。バーチャルリアリティ（VR）の技術を用いて、認知症を持つ人の思いや感覚を疑似体験するプログラム、「VR 認知症プロジェクト」です。ヘッドマウントディスプレイ（HMD）

> バーチャルリアリティ●コンピュータがつくり出す仮想空間の中で、まるで現実のような体験をさせる技術、あるいはその体験している仮想現実のこと。

2章—1 ●地域を支える新しいケアスタイルの創造
銀木犀

を付けると、目の前に映像が広がります。顔を向けた方に視界が広がり、体験者の周囲360度を見渡すことができます。HMDと併せて装着するヘッドフォンからは、映像に合わせた音声が流れてきます。

体験するのは、電車の中で居眠りをして目が覚めたとき、自分がどこにいるのか、どこで乗り換えればいいのかがわからなくなるというシチュエーション。HMDをつけた自分が、電車で座っている認知症のある人の立場になります。ヘッドフォンから流れてくるのは、認知症を持つ人の不安な思い。「ここはどこだろう」「一度降りた方がいいのだろうか」。そんな声を聞きながら周囲を見回すと、本当に電車の中でどうしたらいいかわからず途方に暮れている気分になります。

「認知症の人は異質な人ではなく、自分と地続きにある人だと思うようになった」「認知症の人はちょっと怖いというイメージがあったが、こういうことを考えていたのかと、経験として理解できるようになり、認知症への理解が劇的に変わった」など、「VR認知症」を体験した人は、認知症に対する認識の大きな変化を口々に語ります。仮想現実に入り込んで自分自身で体験した感覚が、認知症への理解を深めるのです。

それにしても、なぜ「銀木犀」では「VR認知症プロジェクト」をスタートさせたのでしょうか。それについて、下河原さんはこう語ります。

「たとえば、誰かがカゼをひいたとき、『つらいよね』という言葉がすんなり出てくるのは、誰でもカゼをひいたときのつらさを体験したことがあるからです。しかし、認知症のように脳の変性によって起きる病気の場合、多くの人は体験したことがありません。どんなふうにつらいのか、理解しようと思っても本質的には難しいのです」

だから、認知症の症状は周囲から理解されにくい。つら

ヘッドマウントディスプレイ●頭に装着するディスプレイ。ディスプレイ部分にスマートフォンを使用するものもある。ゴーグルのように着けるもののほか、帽子型などもある。

さにも共感してもらいにくい。認知症を取り巻く問題の一番の原因は、ここにあると下河原さんは考えました。

「VRで、認知症の中核症状を疑似体験してもらおうと思ったのは、そのためです。認知症を持つ方たちから世界がどう見えているか。どう感じられているか。それを知ってもらうことで、行動・心理症状といわれる言動の背景に何があるかをもっと深く理解してもらえるのではないかと思いました」と下河原さんは言います。

▶認知症への理解を深めて住みやすい町に

「VR認知症」を体験することで認知症への理解が進めば、家族や身近にいる人たちの対応も変わってくることが期待されます。今は、家族も専門職も多くの場合、認知症を持つ人が、戸惑い、困り果ててとる言動を"暴言""徘徊"などと呼び、対症療法的に対応しています。しかしそうではなく、周囲の人たちが認知症を持つ人の"困り感"を知り、それをいかにして軽減するかを考えることができたら？ 認知症を持つ人は、"暴言"を吐いたり、"徘徊"したりする必要がなくなるのではないか。下河原さんはそう考えたのです。

「体験会をやってみて感じたのは、専門家であっても認知症に対する理解が不十分だということです。ましてや一般の方たちが、身近にいる認知症を持つ人のことを一生懸命理解しようとしていたとしても、それはなかなか難しいことだと思います。世の中にいる、たくさんのそういう人たちに、ぜひ『VR認知症』を体験してもらいたいんです」

「VR認知症」は、2016年11月現在、レビー小体型認知症を持つ人が監修して作成した最新のプログラムを含め、4本が完成しています。

「『VR認知症』は、『銀木犀』を核に地域の人たちを集めることができる映像コンテンツです。新しいプログラムが

中核症状●認知症の中心となり、必ずみられる症状。記憶障害、時間や場所がわからなくなる見当識障害、判断力や理解力の障害、ものごとを実行する能力の障害など。

行動・心理症状●認知症の症状のうち、本人のもともとの性格や生活環境などによって、表れないこともある症状。幻覚、妄想、介護拒否、暴言、暴力、歩き回りなど。

徘徊●あてもなくうろうろと歩き回ること。認知症を持つ人は、あてもなく歩いているのではなく、目的があって歩き始めたものの、目的を忘れて歩き続けたり、目的地にたどり着けずに迷ったりしていることが、認知症を持つ本人たちの発言からわかってきた。

レビー小体型認知症●本物のようにありありと見える幻視や、パーキンソン病と同様の薬に対する過敏性、歩行の不安定さなどを特徴とする認知症。アルツハイマー型認知症、脳血管性認知症に次いで多い。

2章—1 ●地域を支える新しいケアスタイルの創造
銀木犀

できるたびに、定期的に体験会を開催していくことによって、地域の人たちの認知症に対するまなざしが変わっていくのではないかと期待しています。そうすれば、その地域は、認知症を持つ人だけでなく誰にとっても、今よりもっと住みやすくなる

VR認知症では、認知症を持つ人が感じる不安や恐怖をありありと体験できる

と思うんです」と下河原さんは言います。

「VR認知症」への反響は大きく、「銀木犀」には高齢者施設、企業、学校など様々なところから、体験会を開催してほしいという依頼が殺到しています。

「たとえば、地域の人を招いた体験会を開催するという条件で、高齢者施設にこのプログラムを貸し出すことも始めています。そうやって、地域の人たちへの認知症についての理解を進めていきたいですね。そんな活動を全国的に広めていくような流れにできればと思っています」

地域包括ケアとは地域コミュニティの再生だ、という下河原さん。イベントを開催し、地域の人を招き入れることで地域コミュニティをつくっていく。その一方で、VRというツールを活用し、認知症への理解を広めていく。「銀木犀」は、そうすることでミクロからもマクロからも、住みやすいコミュニティづくりを進めていこうとしているのです。

地域で無理なく支え合える
仕組みをつくり
次を託せる子どもも育てていく

ぐるんとびー駒寄（神奈川県 藤沢市）

神奈川県藤沢市大庭地区

藤沢市の中西部に位置し、大規模な集合住宅が多数立ち並ぶ。藤沢市全体の高齢化率は23.59％だが、大庭地区は29.23％。藤沢市内で最も高齢化が進んでおり、10年後には高齢化率が40％を超えるとされている。住民には所得格差もあり、所得の低い家庭では子どもの欠食や学力低下などの問題も起きている。一方、地域活動は盛んで、自治会や趣味の市民活動も活発に行われている。ただ、そうした様々な活動は、横のつながりが十分ではないのが現状である。

日本で初めて団地の一住戸に開設した小規模多機能型居宅介護。利用者がそれまで続けてきた生活をできるだけ続けられるよう、時には自費サービスも組み合わせながら支援を行う。地域住民同士の支え合いを引き出したり、その支え合いをサポートしたり、事業所のある藤沢市大庭地区全体を見渡し、介護保険サービスにとどまらない支援を行うのが特徴。支援対象は要介護高齢者を中心に、障害者、子どもまでを視野に入れている。

名　　称	ぐるんとびー駒寄
所 在 地	神奈川県藤沢市大庭 5682-6 パークサイド駒寄 3号棟 612号室
運営会社	株式会社ぐるんとびー
代 表 者	菅原健介（理学療法士）
開設年月	2015年7月
サービス 種　別	小規模多機能型居宅介護
従業員数	31名（2017年2月末現在）
登録定員	29名
自　費 サービス	1時間 3600円 （所得等に応じて相談可）

2章―1 ●地域を支える新しいケアスタイルの創造
ぐるんとびー駒寄

ぐるんとびー駒寄の

❶ 地域での支え合いの下支え
❷ 地域に飛び込んでの協働
❸ 次世代を託せる子どもの教育

KEY POINT ❶ 地域での支え合いの下支え

▶ 自費サービスも活用し"生きがい"を支援

　団地というのは、おもしろい"器"です。様々な間取りの住戸が1棟に何十戸もあり、それが何棟も建ち並びます。平面にすれば広大な敷地に広がるはずの住戸が、縦横に密集し、一つの"町"を形づくっています。「ぐるんとびー駒寄（以下、ぐるんとびー）」が団地の一住戸を拠点として選んだのも、「縦・横・斜めの多様な近所づきあいが望める団地の特性に注目したから」だと、「ぐるんとびー」を運営する菅原健介さんは言います。「団地を一つの大きな家族に」。団地「パークサイド駒寄」に開設した小規模多機能型居宅介護（以下、小規模多機能）の事業所を中心に、神奈川県藤沢市の湘南大庭地区で住民同士が支え合える地域づくりに取り組んでいます。介護保険を利用した小規模多機能のサービスに加え、介護保険外のサービスの提供、そして、地域の施設や行政、地域の住民、ボランティアの力の活用。多くの力をうまくコーディネートすることで、この地域で「いかにしてみんなで楽しく生きていくか」を考えているのだと、菅原さんは言います。といっても、楽しさを感じるものは人それぞ

▶小規模多機能型居宅介護
P31 参照

（株）ぐるんとびーの代表取締役の
菅原健介さん

53

大規模団地の6階の一住戸で「ぐるんとびー駒寄」は運営されている

れ。「ぐるんとびー」では、"楽しさ"を押しつけるようなことはしません。その人にとっての楽しさを、その人自身が見つけ出し、選び取ることを大切にしています。

「たとえば、うちではひと頃、一部の利用者の間で近くのプールに通うのがブームのようになっていたことがありました。戻ってくると、『ああ、楽しかった』とひとしきり、プールの話で盛り上がります。その様子があまりにも楽しそうだったのでしょうね。最初はプールなんて興味ないといっていた方が、『私も行ってみようかしら』と言い出したことがありました」と菅原さんは言います。

利用者が自分から楽しみを求めて行動を起こす。そんな気持ちになれる環境を、「ぐるんとびー」はつくろうとしているのです。

「ぐるんとびー」では、また、もの忘れなどで自信を失い、趣味活動を諦めてしまった人たちの再チャレンジもサポートしています。地域の俳句の会をやめてしまった女性と一緒に、スタッフが俳句の会に参加したり、子どもの頃からフラダンスを続けてきた女性に、もう一度踊ってもらうため教室に同行したり。苦手になった部分を少しだけサポートし、再び楽しめるよう背中を押すのです。「ぐるんとびー」ではこうした支援を、家族の同意を得た上で自費サービスと組み合わせて行っています。

「この2人は、自宅での生活はできています。俳句の会

2章—1 ●地域を支える新しいケアスタイルの創造
ぐるんとびー駒寄

フラダンスや俳句など、もの忘れなどで遠ざかっていた趣味活動を再開できるよう支援する

やフラダンス教室への同行は、いわば"生きがい"の部分の支援です。約3時間かかる支援のすべてを介護保険のサービスとして提供することはできません。そこで、一部は自費サービスとして提供しています」

これは医療保険と違い、介護保険では保険内・外のサービスを組み合わせて提供できるからこその対応です。今、東京都では<u>混合介護</u>の導入が検討されています。「ぐるんとびー」はそれとは違い、本人のニーズから保険内・外のどちらでサービス提供するかを検討・相談した上で、サービスを組み合わせて提供。藤沢市への相談と報告を重ねて必要があればケアプランを提出し、了承を得て実現しています。

▶無理なく支え合える地域をつくる

俳句とフラダンスの2人は、その後、1人でも参加できるようになり、「ぐるんとびー」の支援は送迎と活動前後の短時間ですむことになりました。これは、スタッフが同行する中で、教室の仲間が温かく迎えてくれるムードづくりを仲間と"一緒"にしてきたからです。直接、利用者を支援するより難しいこうした対応を、「ぐるんとびー」は

混合介護●介護保険のサービスと介護保険外のサービスを同時に提供すること。東京・豊島区が特区を取り、2018年度にも開始を予定している混合介護は、これまで認められていなかった、同一事業者による同時・一体的なサービス提供を指す。たとえば、利用者分(保険内)と同時に家族の分(保険外)の食事を調理することなど。

得意としています。

　たとえば、1日5回の服薬見守りが必要な利用者の支援でも、「ぐるんとびー」の働きかけが地域住民の"支える力"を引き出しました。

　「その方は一人暮らしなのですが、近所に何人も友だちがいる方でした。その友だちにうちから声をかけたら、服薬の見守りを手伝ってくれることになったんです」と菅原さん。

　地域に潜在的に支える力があっても、何かきっかけがないとその力を発揮できないこともあります。「ぐるんとびー」が担っているのは、そのきっかけづくりです。声をかけ、住民が支え合いに手を上げると、「ぐるんとびー」は後方支援に回ります。支え合う住民たちの負担が大きくなりすぎないよう、モニタリングを続けるのです。

　「体調が悪いからしばらくは見守れない、と言われれば、代わりに見守りに入ります。すべてを地域の住民の方に任せるのではなく、できる範囲で担ってもらう。無理をせず支え合える地域をつくっていくのです。"つなぐ"ことと、"下支えする"こと。それがうちの役割だと考えています」と菅原さんは語ります。

　「ぐるんとびー」では、新たに人材を投入し、そのための体制づくりを行いました。小規模多機能には制度上、ケアマネジャーが配置されています。「ぐるんとびー」では、ケアマネジャーを「コーディネーター」と呼んでいます。ケアに当たる職員のスケジュール管理と、現場での対応をコーディネートする役割です。

　「友だち、趣味の仲間も含めて地域の関係性をつくり、その人が暮らしやすい環境を整えるんです。現場の職員もそうしたコーディネートを行いますが、全体を取りまとめるのがコーディネーターです」と菅原さん。

　そして2016年10月から、「ぐるんとびー」ではさらに

職員やコーディネーターも含め、人や制度、地域全体を見て、地域づくりを進めていく「コミュニティープランナー」を2人置きました。

「訪問看護などの地域の社会資源とつながり、地域全体のコーディネーションをしていくのが、うちのコミュニティープランナーです。訪問看護や病院など、使える社会資源や制度が何かを探る。そして、それを活用したり、地域に働きかけていったりしながら、どう利用者を支えていくか全体像を組み立てていきます」と菅原さん。

コミュニティープランナー2名を雇用した時点で「ぐるんとびー」はまだ開設して1年あまり。利用者29人分の介護報酬と、トータルで月10万円ほどの自費サービスを原資に、「攻めの地域づくり」を進めていたのです。

「2016～17年に、生活リハビリ特化型の小規模多機能型居宅介護をサテライトで2カ所、開設することを決めていたので、先行投資しました。楽しくて次々と取り組んでいると、周囲からもどんどん新しいアイデアが出てきて、それが地域づくりにつながっていっています」と菅原さん。

一方で、「それだけ将来への危機感も強いんです」とも語ります。

KEY POINT ❷ 地域に飛び込んでの協働

▶介護職だけで頑張りすぎない

地域住民とつながり、その力を引き出していくには、まず自分から地域に飛び込んでいくことも必要です。2016年4月から、「ぐるんとびー」は入居している団地「パークサイド駒寄」の自治会の総務、防災担当を引き受けました。開設して半年。団地の自治会に、「ぐるんとびー」について一定の理解が進んだ頃を見計らっての就任です。菅

2016年末には、団地の集会室で、団地住民、利用者やスタッフ、その家族などによる忘年会が開催された

湘南大庭地区郷土づくり推進委員●藤沢市が2013年から行っている、市民参加型の地域づくり「藤沢市郷土づくり推進会議」の地区代表委員。地区の課題解決に向けた対応を検討する。

藤沢型地域包括ケアシステム推進委員●藤沢市が2015年に設置した「藤沢型地域包括ケアシステム推進会議」の委員。目指す将来像を共有し、それを実現する手法についての意見交換等を行う。

地域の縁がわ●高齢者や障害を持つ人、子どもなど、様々な地域住民が気軽に立ち寄って、相談をしたり、おしゃべりを楽しんだりできる場。住民同士のつながりや支え合いを大切にし、専門的な相談機関につなぐ役割も持つ。熊本県が発祥で、藤沢市など各地に広がっている。

原さんは、早速、自治会で様々な提案をしてみました。

「子どもの居場所づくりを提案したら、そういうところに予算を使いたいね、と賛成してもらえたんです。今は、対象を子どもに限らず、団地のみんなで食事をつくって、地域に対して食事やお茶を出していく場にしようと話しています。手伝った子どもは100円で食べられることにすれば、貧困対策にもなります。そのほか、団地住民のつながりをつくる交流会や、認知症などについて学ぶセミナーを、それぞれ月1回開催するようになりました」と菅原さん。

自治会役員以外にも、菅原さんは「ぐるんとびー」を代表し、<u>湘南大庭地区郷土づくり推進委員</u>、<u>藤沢型地域包括ケアシステム推進委員</u>など、地域づくりに関わる様々な委員に就任しています。湘南大庭地区には51の自治会がありますが、活動意欲には温度差があります。菅原さんは、委員会活動の中で知り合った他の自治会役員有志と、認知症や子ども食堂、「<u>地域の縁がわ</u>」などについて学ぶ勉強会を立ち上げる計画をしています。

2章—1 ●地域を支える新しいケアスタイルの創造

ぐるんとびー駒寄

「全体としてはなかなか進まなくても、意欲の高い人が集まればすんなり進むことがあります」と菅原さん。

地域で問題意識を共有していくためには、できるところから進めていくのが早道だと、菅原さんは考えているのです。

こうして地域での活動に参加する一方、「ぐるんとびー」では地域の機関との連携も進めています。徒歩5分ほどの大庭図書館とは、連携が始まったところです。きっかけは、菅原さんが、2人の知人から意欲の高い図書館職員についての話を聞いたことでした。

「『私たちはただ本を貸し出すだけでなく、高齢者や子どもを見守る地域の拠点にもなり得ると考えている。地域と連携していきたいが、どう連携したらいいかわからない』。そう話していると聞いたんです。それで、先日、うちで顔合わせの交流会をしました。うちの職員は子連れで参加して、図書館の方と、地域の縁がわの方と、合わせて60人近くになりました」と菅原さん。

図書館職員からは、いろいろなアイデアが出されました。古いものをみんなで一緒に見ながら回想法ができる。子ども向けの紙芝居をみんなで一緒に見ながら歌を歌ったりすれば、世代を超えたコミュニケーションを図れる。求められれば、出張して紙芝居をすることもできる。そんなアイ

月1回、こうした勉強会を団地の自治会と共催で開催するようになった

デアを聞き、菅原さんも、図書館で認知症を持つ人と何かトラブルがあったら、「ぐるんとびー」が間に入って対応することができるという提案をしました。

「今は、うちのご利用者が図書館で何か困ったことが起きたら、連絡をもらえるようにお願いしてあります。これで、安心して図書館を利用してもらえるようになりました。夏休みには、うちのスタッフも子どもを学童ではなく図書館に行かせていましたね。大庭図書館には、ビデオや漫画もあるので、子どもも半日ぐらい、楽しく過ごせるんです」

地域で人を支えていくためには、介護職だけが頑張っても、すべてをカバーすることはできません。地域での横のつながりを広げ、深めることで、様々な情報が得られ、多くの助力をあちこちから得られるようになるのです。

KEY POINT ❸ 次世代を託せる子どもの教育

▶自分で考え、問題を解決できる子どもに

菅原さんは、事業所の開設と共に、自身も家族で同じ団地内の別フロアに引っ越してきました。小学生の息子さんは学校が終わると、「ただいま」と事業所に帰ってきて利用者と共に過ごします。そこには、息子さんの友だちや団地の子ども、スタッフの子どもが加わることもあります。

「実は、『ぐるんとびー』の活動の目的は、高齢者の介護事業だけではありません。地域を一緒に支え合う仲間づくりであり、地域のみんなと子どもを育てていくことなんです」と菅原さんは言います。中でも、次世代を担う子どもたちをいかに育てていくかに、菅原さんは心を砕いています。

あるとき、子どもたちが団地の中で捨て猫を見つけてきたことがありました。かわいそうだから何かしたい、とい

2章—1 ●地域を支える新しいケアスタイルの創造
ぐるんとびー駒寄

小学校がすぐ近くにあり、子どもたちが
学校帰りに遊びに来ることも多い

う子どもたちに、菅原さんは「捨て猫を拾って助けたらどうなると思う？」と聞きました。「ここにずっと住み着いちゃう」と、子どもたち。「住み着いたらずっと自分たちで面倒をみられるの？」と、菅原さん。「できない」と答える子どもたちに、菅原さんはこう伝えました

　目の前に困っている誰かがいたら、助けたいと思うのは当然だし、助けてあげるのはいいことだ、ということ。しかし、助けて終わりではなく、そのあとのことも考えなくてはいけない、ということ。

　「捨て猫のことなら、解決するために、たとえば動物愛護協会の人に話を聞いてみるといいかもしれない。そこは大人がつないであげればいいんです。そうやって、子どもたちが、自分で問題を解決する力をつけていくのが教育ではないかと思います」と菅原さん。

　2016年の夏は、子どもたちが「ぐるんとびー」を訪れたお客さんに、自分たちのつくったかき氷を50円で買ってもらうという試みに取り組みました。

　「売るのはいいのですが、シロップをたくさん入れすぎてしまうんです。次は、そもそもかき氷をつくって売るのにいくらかかっていて、今日はいくら売れたのか、という

話をしようと思っています。そこを理解できたら、今度は、売ってくれた子どもたちに給料を払うのにこの値段でいいのか、とか、もしもっと高く売るならこの品質でいいのか、とか。反対に、おじいちゃん、おばあちゃんたちに『ありがとう』と言ってもらうことに価値を感じるなら、それほど儲けなくてもいいんじゃないか、とか。そういう話が教育になっていくと思うんです」と菅原さんは言います。

▶ 地域包括ケアを完成させるのは子どもたち

　子どもを育て、支えていく仕組みとして、菅原さんは、"子ども小規模多機能"を開設するという構想を持っています。介護保険の小規模多機能のサービスを、子ども対象のサービスに転換すれば子育て支援でも力を発揮すると、菅原さんは考えているのです。たとえば、母親の帰りが遅いときは、子どもに「ぐるんとびー」に来て夕食を食べ、お風呂に入ってもらう。出張で帰らないときは、子どもに泊まってもらう。病児保育も、母親が連れてくるのではなく、こちらから迎えに行く。ちょっと熱が出たのなら、「ぐるんとびー」の看護師が様子を見に行く。

　「たとえば、団地の住民による"福祉ファンド"のような形で資金調達ができないかと考えています。まだめどは立っていませんが、ぜひ実現したいですね」

　地域づくりに奮闘している菅原さんですが、"地域包括ケア"に完成形はないと思うようになったと言います。

　「僕たちの世代は、正解は何かを考え、ルールをつくってみんなで守るという教育を受けてきました。でも、人の暮らしに正解はなく、あるのは、その時どきの"最適解"です」

　それをすんなり見出すのは、自分たちの世代にはなかなか難しいと、菅原さんは言います。

　「だからこそ、今の子ども世代には、自分たちで考え、

話し合い、その時どきの最適解を見出す力をしっかり身につけてほしい。この世代をいかに育てていくかは、本当に大事なことだと思っているんです」

子どもたちがそうした力を身につけたとき、ようやく本当の"地域包括ケア"が機能するようになるのではないか。菅原さんは、そう考えているのです。

次世代を託せる子どもを育て、その子どもたちに引き継げる地域をつくっていく。菅原さんと「ぐるんとびー」の取り組みは、さらに広がりを見せています。

そして、団地の保健室（訪問看護ステーション）、団地の食堂＆カフェ（子どもから高齢者までの支え合い食堂）、団地の寺子屋（団地住民による学習支援）、団地の支え合いステーション（御用聞きサービス）など、地域を支える取り組みも構想中です。

そんな菅原さんの根っこにあるのは、自分も地域で暮らす一人の住民であり、一緒に地域をつくっていく一員だという思いです。

「目の前にある"困っている"を解決する方法として、住民である僕は、小規模多機能という"ツール"を使っているだけです。それぞれの住民が、このツールを利用して、それぞれの持ち味を生かして、地域づくりに関わっていけばいいと思うんです」

これからは、一人ひとりの個人が、そして住民が、"福祉"にとらわれず、地域をつくっていける時代なのだと、菅原さんは言います。そんな時代を、時には住民を支え、時には住民や多くの地域を思う仲間たちに支えられながら共に歩んでいく、地域づくりのエンジン的存在。それが「ぐるんとびー」なのです。

"福祉の常識"にとらわれない柔軟な発想で収益を上げながら地域課題を解決する

エムダブルエス日高（群馬県 高崎市）

群馬県高崎市

群馬県高崎市は、2006年以降、3度の市町村合併を経て、人口37万人を超える群馬県最大規模の市となった。上越、北陸新幹線と、関越、北関東、長野自動車道が走る交通の要衝であり、交流人口は年間4000万人近い。古くからの商業の町であり、外からやってくる人を温かく受け入れる土地柄である。近年では、働く世代の転入者が増加する一方で、老後の住まいを求める高齢者からのニーズも高い。

群馬県高崎市で日高病院を運営する医療法人社団日高会を母体とし、高崎市、前橋市、沼田市、太田市で日高デイトレセンター、太田デイトレセンターなど、300人規模の大規模デイサービスなどを運営している。様々なアクティビティを用意した大規模デイは人気が高く、利用者からの紹介で利用を決める高齢者も少なくない。地元での知名度、信頼度は高く、地元の地主からの事業用地の売り込みも多い。

名　　称	株式会社エムダブルエス日高	
所 在 地	群馬県高崎市井野町1037-1	
設立年月	1977年10月	
代 表 者	代表取締役社長　北嶋史誉	
従業員数	790名（2017年2月現在）	
拠 点 数	10拠点	
事業内容	在宅介護支援事業（太田デイトレセンター他）、医療支援事業、他	
	太田デイトレセンター	通所介護（大規模Ⅰ）、居宅介護支援事業
	地域福祉交流センター（日高デイトレセンター）	通所介護（大規模Ⅰ）、高崎市介護予防・日常生活支援総合事業、地域包括支援センター、シニアトレーニングジム、他

2章—2 ● win-winの関係が生む地域活性化
エムダブルエス日高

○ エムダブルエス日高の

❶ 機能を明確化したドミナント戦略
❷ 収益を確保しながら社会貢献
❸ 地域を守るための他業種との連携

KEY POINT ❶ 機能を明確化したドミナント戦略

▶ "次世代"に選ばれる"デイトレ"センター

　最大利用定員550人、延床面積約4056㎡。それが、エムダブルエス日高（以下、MWS）が群馬県太田市で運営する「太田デイトレセンター」。利用定員も広さも破格の、国内最大級の大規模デイサービスです。「デイトレ」とは、「デイサービス」と「トレーニング」を併せた造語。2階建ての館内には、手芸や陶芸、シミュレーションゴルフ、個別リハビリテーションなど200を超えるアクティビティが用意され、歩行訓練ができる1周100mの歩行トラックもあります。コンセプトは、"スポーツジムより気軽に、デイサービスよりアクティブに"。来所した利用者は、その日やりたいアクティビティを自分自身で選ぶシステムになっています。

　MWSは、同タイプのデイサービスを高崎

シミュレーションゴルフ● 大きなスクリーンに投影されたゴルフコースの映像に向かってボールを打つと、その打球が映像に反映され、まるでラウンドしているかのような体験ができる仮想ゴルフ。

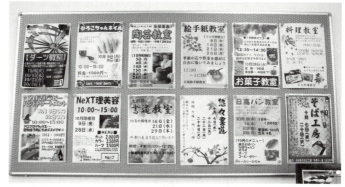

200を越えるアクティビティの一部を紹介したポスター。材料費がかかる陶芸や料理等以外は、追加料金なしで参加できる

55歳以上を対象としたシニアトレーニングジム

市でも運営しています。最大利用定員320人、延床面積約3218㎡の「日高デイトレセンター」です。こちらは、55歳以上を対象とした有料会員制の「シニアトレーニングジム」も併設。自立の高齢者や介護保険を"卒業"した高齢者に利用されています。ジムまでの交通手段がない高齢者には、送迎付きで週2回各3時間の運動プログラム「日高健康ジム」も用意。こちらも定員はほぼ満員の状態です。

どちらのデイトレセンターも、天井が高く、明るく開放的な雰囲気。介護事業所というより、まるでシニア向けのアミューズメント施設のようです。館内には利用者以外の人も利用できる喫茶店があり、家族や友人と食事をしたり、お茶を飲んだりする利用者もいます。デイトレセンターは健康な人から要介護の人までが集う、交流の場となっているのです。

「自己選択、自己管理を好む、団塊の世代や40〜64歳の第2号被保険者など、"次世代"の方に選んでもらえるデイサービスを目指して開設しました。**介護予防・日常生活支援総合事業**(以下、総合事業)にも対応していますし、太田デイトレには機械浴も導入してあります。自立の方か

介護予防・日常生活支援総合事業●各市町村が中心となり、地域の実情に応じて展開しているサービス。介護予防や地域での支え合いを目的としている。2019年度から全市町村で実施することが決まっている。

ドミナント戦略●一定の地域に集中的に出店して、経営効率や認知度などを高め、競合する他社との競争を優位にする出店戦略をいう。

認知症ケア専門士●一般社団法人日本認知症ケア学会が実施する試験によって認定される民間資格。

ら要介護5の方まで幅広くカバーできる施設です」と、MWSの代表取締役を務める北嶋史誉(きたじまふみたか)さんは言います。

▶ 機能の明確化で維持改善率は87.1%

MWSの母体は、高崎市内にある病院です。もともとは、病院から退院する患者の在宅生活を支援するために、デイサービスを手が

エムダブルエス日高の代表取締役、北嶋史誉さん

けるようになりました。現在、MWSが高崎市、太田市内に展開しているのは、定員40名から550名のデイサービス10拠点。太田デイトレ以外は、母体法人の運営する医療機関の周囲のエリアに、ドミナント戦略に基づいて機能、特徴の異なるデイを集中出店しています。

たとえば、認知症ケア専門士を置く、認知症ケアに手厚いデイ。あるいは、MWSにしては少ない定員40人規模で、アットホームな雰囲気の中、リハビリができるデイ。理学療法士、作業療法士、言語聴覚士など、リハビリ職が常駐するリハビリ特化のデイもあります。

「リハビリ職が常駐するデイは、脳血管疾患などでマヒがある人やパーキンソン病、神経難病、言語障害がある方などの方のリハビリに適しています。これに対して、前出の日高デイトレには柔道整復師が常駐していて、骨折後や下肢筋力低下など筋骨系のリハビリが得意です。そんなふうに棲み分けができるように展開しているので、ケアマネジャーが特徴を見て利用者をマッチングしてくれていますね」と、北嶋さんは語ります。

機能や特徴が明確化されていないと、ケアマネジャーは、

理学療法士●骨折や脳血管疾患などによって低下した身体機能を回復するためのリハビリテーションを行う専門職。PTともいう。

作業療法士●日常生活の様々な動作や、絵画、園芸、手芸などの作業を通して、リハビリテーションを行う専門職。OTともいう。

言語聴覚士●言葉によるコミュニケーション障害と、摂食・嚥下（飲み込み）等のリハビリテーションを行う専門職。STともいう。

脳血管疾患●脳血管の異常を原因とした病気のこと。脳の血管が狭くなって起こる「一過性脳虚血発作」、詰まることによって起こる「脳梗塞」、破れることによって起こる「脳出血」や「くも膜下出血」など。

パーキンソン病●手足が震えたりこわばったりし、転びやすくなる、原因不明の神経変性疾患。40歳以降に発症することが多く、ゆっくりと進行する。

神経難病●神経の病気の中で、原因不明で治療法が解明されていないものを指す。脊髄小脳変性症、多発性硬化症、進行性核上性麻痺など。

柔道整復師●接骨師、ほねつぎ等で知られる。骨折や脱臼、ねんざなどのけがに対して、腫れや痛みを抑える治療を行い、自然治癒を促す。

ケアマネジャー●介護保険のサービスを中心に、在宅で暮らす要介護者の自立した生活を支えるサービスを組み立て（ケアプラン）、介護サービス事業者との間に立って、相談、助言を行う専門職。介護支援専門員。

日高デイトレセンターには柔道整復師が常駐し、歩行訓練などのリハビリを行っている

TUG（タイム・アップ・アンド・ゴー）●歩いて移動する能力を評価するテスト。イスに座った状態から立ち上がって3m先に置いた目印まで歩き、目印を回って戻り、再びイスに座るまでの時間を測定する。

ファンクショナル・リーチ・テスト●転倒リスクを評価するテスト。両足を軽く開いて壁に向かって横向きに立ち、胴体と90度の角度になるまで上げた腕を、そのまま膝を曲げず、足を動かさずにできるだけ遠くまで前方に伸ばした長さを測定する。

「通いやすい」「近い」「利用者に合いそうな雰囲気」といった基準でデイサービスを選ぶことになりがちです。それでは利用者も、目的意識なく漫然と通うことが多くなってしまいます。結果、デイサービスを利用したことによる効果も曖昧にならざるを得ません。

「うちでは、初回アセスメントで測定した歩行のスピード、握力、TUG（タイム・アップ・アンド・ゴー）、ファンクショナル・リーチ・テストなどを、その後も3カ月に1回、測定しています。それで通所の効果を評価して、低下してきた部分を改善できるプログラムをお勧めするようにしているのです」と、北嶋さん。

MWSでは、2016年12月までの1年間に要介護度を更新した高崎市内の利用者890人のうち、要介護度が維持・改善した人は、87.1％にのぼります。機能を明確化したドミナント戦略での出店は、地域の高齢者の介護予防、自立

2章―2 ● win-winの関係が生む地域活性化
エムダブルエス日高

支援に着実に貢献しているのです。

KEY POINT ② 収益を確保しながら社会貢献

▶ICT活用でデータの裏づけのあるリハビリを

　毎日、数百人もの利用者が訪れる、太田、日高のデイトレセンター。入退館や各利用者のスケジュール管理は、自社開発した「HOTシステム」で行っています。利用者は全員がバーコード付きの利用者カードを持ち、入退館時、自分でコンピュータにバーコードを読み取らせます。また、その日利用するアクティビティは、入館登録後、入口付近にある大きなモニターに表示されている一覧の中から、自分で選んで入力します。入力はタッチパネル方式。慣れない利用者は、職員がサポートして行います。

　「『HOTシステム』は、無駄な動きを省いて職員を"ホッと"させ、利用者支援に力を注いでもらおうと、自社用に開発したものです。しかし、視察に訪れた他の事業所からの要望が多く、今はシステムの販売も行っています」と北嶋さん。

HOTシステム● MWSが自社開発した、入退館、アクティビティ管理のシステム。各利用者がバーコード付きの利用者カードによって、入退館や、当日、利用するアクティビティを登録。職員は登録データを各所のPC端末で確認できる。

入退館管理は、自社開発した「HOTシステム」で行う

MWSが「HOTシステム」の運用を始めたのは、2013年に日高デイトレセンターが開設したとき。以来3年間で、すでに膨大なデータが蓄積しています。そのデータの内容は、たとえば、年齢、性別、原疾患、要介護度などの利用者の個人属性。あるいは、初回アセスメントと3カ月ごとの再アセスメントの際に測定した、歩行速度、歩幅、握力、MMSEの得点、そして、利用したアクティビティなど。個人情報を保護しながら、このビッグデータを有効活用できないかと考えた北嶋さんは、2016年3月、一般社団法人ソーシャルアクション機構を設立しました。現在、MWSがテストフィールドを提供し、ソーシャルアクション機構と前橋工科大学が共同で、「ICTリハ」と呼ぶ、介護予防・改善プログラムの実証実験に取り組んでいます。これは、2016年度の経済産業省の「健康寿命延伸産業創出推進事業」にも採択されました。

　ICTリハは、MWSが提供した過去3年分のビッグデータを、前橋工科大学が解析。それを元に開発した、個人の属性や状態に合わせてリハビリプログラムを提案するシステムです。2017年2月現在、提案されたプログラムを実際に利用者が実施し、その成果を検証しているところです。

　リハビリプログラムは、①有酸素運動、②筋力トレーニ

原疾患●現在持っている病気のうち、そのおおもととなっている病気のこと。脳梗塞を起こした場合、もともと血圧が高かったのであれば、原疾患は高血圧となる。

アセスメント●介護保険においては、本人がその人なりの自立した日常生活を送れるよう支援していく上での課題の分析。

MMSE●ミニ・メンタル・ステート・エグザミネーションの略。認知症の診断のための検査。

テストフィールド●実験、検査の場。この場合は、試験的に実施した調査結果のデータ収集の場の意味。

健康寿命延伸産業創出推進事業●地域の実情に応じたビジネスモデル確立の支援と、ヘルスケアビジネスを創出する上での事業環境の整備を進める経済産業省の事業。

アクティビティは200超。それを7分野に分類。利用したアクティビティによるリハビリ効果を検証する

ング、③認知トレーニング、④健康的な食事による栄養サポート、⑤血圧管理、⑥ストレッチ、⑦スポーツの7分野。

　MWSで提供している200超のアクティビティは、この7分野に分類されています。利用者の属性等を入力すると、どの分野のアクティビティにどれぐらい取り組めばよいかというリハビリプログラムをコンピュータが提示します。職員は、コンピュータが示したプログラムをもとに利用者と相談し、実際に取り組む内容を決めます。その後、1カ月ごとに実際に取り組んだアクティビティのデータから、取り組みの偏りを修正します。そして、3カ月ごとに取り組みの効果を、前述の通り、歩行速度等を測定して再アセスメントするのです。

　「たとえば、有酸素運動を20％、筋力トレーニングを25％行うのが適しているのに、実際には有酸素運動が45％で、筋力トレーニングは5％しかやっていない。そんな人には職員が、午後に行う"**セラバンド**"が筋力トレーニングだから、やってみませんか、と声をかけるわけです。7分野にはそれぞれたくさんのアクティビティが用意されています。何をどれぐらいやれば状態が改善するのか。どれがどの分野のアクティビティなのか。それがわかれば、より取り組んでもらいやすくなると思うのです」と北嶋さんはICTリハがもたらす成果への期待を語ります。

▶ 状態改善できる事業所が評価される仕組みに

　同様の介入研究としては、2015年にスウェーデンのカロリンスカ研究所が発表した「**フィンガー研究**」があります。これは、認知症予防の研究ですが、ICTリハは身体機能の低下で要介護になった人も対象にしています。そこで、「フィンガー研究」で用いた、有酸素、筋力トレーニング、認知トレーニング、栄養サポート、血圧管理という5分野に、ストレッチとスポーツも加えて、7分野にして

セラバンド●ゴムのように伸縮性のある、トレーニング用のバンドの商品名。様々な強度のバンドがあり、筋力に合わせて使用することでリハビリテーションやトレーニングの効果が得られる。

フィンガー研究●フィンランドのカロリンスカ研究所による、大規模な認知症予防の研究のこと。様々な要因が関係して発症する認知症を予防するには、同時に様々な要因への予防介入を行うべきとの理論で実施された。

スタッフは、リハビリにつながるアクティビティへの参加を促す

あるのです。

「『フィンガー研究』では、複数の分野を組み合わせた介入が効果的だとしていますが、ICTリハでは、組み合わせの割合も見ていきます。それによって、認知症も身体機能も改善できる、日本版の『フィンガー研究』にしたいと思っています」と北嶋さんは意気込みを語ります。

今の介護保険は、状態が悪化して要介護度が上がると介護報酬が増えるという、"介護インセンティブ"が働く制度です。北嶋さんはこれを、ICTリハのシステムを活用し、健康にしたら収益が上がる"健康インセンティブ"に変えられないかと考えているのです。

「たとえば、**個別機能訓練加算**を取得している事業所に、維持改善率を公表させたらどうでしょうか。ICTリハのシステムに各事業所のデータを載せれば、事業所ごとの維持改善率はすぐに算出できます。すべての事業所の公表が無理なら、エントリー制にして、維持改善率の上位10位を公表するというやり方でもいい。そうすれば、改善率が高いデイサービスに、状態の維持改善を望む利用者が集まる仕組みをつくれます。事業者も本気で、どうすれば維持改善

個別機能訓練加算●デイサービスの介護報酬で、理学療法士などのリハビリ職の配置、機能訓練計画の立案と実施など、一定の条件をクリアした際に算定される加算。

できるかを真剣に考えるようになるはずです」と北嶋さん。

実現すれば、地域の介護サービスのレベルアップが図れるだけでなく、介護給付費の適正化にもつながります。介護分野でのICTを活用した地域貢献、社会貢献だといえます。ICTリハはまた、2018年に介護保険制度が始まる台湾など、海外からも注目を集めています。

「実証実験でいい結果が得られたら、ノウハウとメソッドを国内外に販売していきたいと考えています。介護報酬に左右されない収入源を確保して、地域や社会に貢献していきたいですね」と、北嶋さん。

収益を上げながら社会貢献をする。それが「社会事業家」を自負する北島さんの理念なのです。

介護給付費●介護保険制度で、要介護認定を受けた利用者への介護保険からの給付のこと。介護保険制度はお金ではなく現物が給付されるので、給付費の金額相当分のサービスが給付される。

KEY POINT ③ 地域を守るための他業種との連携

▶他業種と連携して地域産業を活性化

MWS運営のデイサービス事業所には、毎日、決まった時間になると地元スーパーと連携して稼働している移動販売車「フレッシー便」がやってきます。搭載している商品は、肉や魚などの生鮮食品やお米、日用品など、約500品目。MWS運営のデイサービスを巡回するこの移動販売車では、広告掲載の商品を店頭と同じ価格で買うことができます。そのため、家族からメモを渡され、買い物をする利用者も少なくありません。MWSでは、移動販売車での買い物を「役割理論に基づく買い物リハビリプログラム」として導入しました。

「リハビリというと、失った"機能"を取り戻すことを中心に考えがちです。それより僕たちは、障害を持ったことや加齢によって失った"役割"を取り戻すことに力を入れています。家族から頼まれた買い物を担う。あるいは、

役割理論●1920年代に社会学者が論じた理論。役割とは、社会の仕組みの中で個人の地位と結びついたものであり、人は役割を果たすことで自分自身の存在を確認することができるという理論。

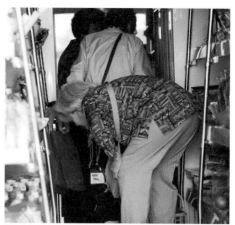

移動販売車での買い物は、役割を取り戻すと同時に、足や手の機能訓練にもなる

　家族を喜ばせるために品物を選び、買って帰る。そうすることでご利用者は、失いつつあった家庭内での役割と存在感を取り戻します。まさに"役割理論"どおり、この買い物によって、ご利用者はどんどん元気になっていくのです」と北嶋さんは言います。

　買い物の代金は、利用者が持参した現金で、利用者自身が払います。介護保険のデイサービスでは、現金の持ち込みを認めていない事業所が少なくありません。しかし、北嶋さんは、それは事業者側の管理上の都合であり、福祉業界の悪しき慣習だと考えました。

　「出かけるときには、誰でも現金を持っていくでしょう？もちろん、紛失したり、使いすぎてしまったりというリスクはあります。しかし、リスクを取らなければ得るものもありません。それを家族に理解してもらうことも大切なことです」と、北嶋さんは指摘します。

　移動販売車が到着すると、続々と買い物希望者が集まり、整理券を受け取って買い物の順番を待ちます。買った商品は利用者ごとに袋詰めし、冷蔵品は冷蔵庫でデイサービス

2章—2 ● win-winの関係が生む地域活性化
エムダブルエス日高

が終わる時間まで保管します。米などの重いものも、送迎時に一緒に自宅まで送り届けます。このデイサービスでの買い物は、交通手段がない「買い物難民」への対応として、地域課題の解決にも一役買っています。移動販売車の利用者は1日約200人。月商は200万円に達し、スーパーの売り上げアップにも貢献しているのです。

　MWSは地元スーパーとの提携だけでなく、独自に軽自動車の移動販売車も用意し、地域を走らせています。これは、母体法人の病院内にあるコンビニエンスストアの移動販売車という位置づけです。日高デイトレに併設する**地域包括支援センター**（以下、地域包括）の管轄内で、買い物に困っている高齢者の自宅を、週1回程度、訪れているのです。このほか、MWSのデイサービスでは、衣料卸事業者と連携し、季節ごとに衣料品の出張販売も行っています。こちらも、遠くまで衣料品の買い物に出かけにくい利用者が、心待ちにするイベント企画となっています。

　「フレッシー便も衣料品の出張販売も、販売側が一定の売り上げを見込めるから協力してくれているのです。これも、ドミナント戦略での集中出店と大規模デイサービスの運営によるスケールメリットですね」と北嶋さん。

　また日高デイトレでは、地元タクシー会社と提携し、一定のエリア内ではありますが、希望者に利用者負担なしでのタクシー送迎を行っています。これは、特にデイサービス送迎車での送迎を嫌う男性利用者に喜ばれています。こうして、MWSは地元企業と連携して、利用者の自立支援、サービスの向上を図るとともに、地域産業の活性化にも努めているのです。

▶ **地域課題はその地域ごとに考えて解決を**

　福祉業界の常識にとらわれないMWSでは、他にもユ

地域包括支援センター● 介護保険法に基づき、2006年に設置された地域住民の介護等の総合相談窓口。介護予防マネジメントや虐待防止などを担う。中学校区に1カ所程度設置されている。

送迎車の空き時間を利用し、利用者の通院の送迎にも取り組んでいる

ニークな取り組みがあります。高崎、前橋市内の医療機関への通院の無料送迎もその一つ。対象は、日高デイトレに併設する地域包括管轄内に住む、要介護の利用者です。MWSには、高崎、前橋市内を網の目のように走る、約100台もの送迎車があります。通院の送迎は、この送迎車を活用して行っているのです。

「交通弱者である要介護の方たちを、何とかしたいと思っているんです。通院の交通手段としては、訪問介護の通院等乗降介助がありますが、これだとご家族は一緒に乗れません。そこでうちでは、何日の何時頃、何々病院を受診したいとお知らせいただいたら、送迎車で迎えに行き、ご家族も一緒に乗っていただきます。帰りも連絡をいただいたら、一番近くを走っている車で迎えに行きます。陸運局からも、無料でうちの利用者を送迎するなら問題はないと言われています」と北嶋さん。

今はまだ、対象は限られたエリアの利用者だけですが、北嶋さんは、これを拡大していきたいと考えています。しかしそれを、MWSだけで担おうというわけではありません。

「無料での通院送迎があると聞けば、それを目当てに他社のサービスからうちに移ってくる方がいるかもしれません。それで、負けていられないと、他者も送迎サービスを

始めてくれたらいい。そうして、地域の高齢者の通院を、事業所の枠を超えて支援できる仕組みをつくりたいんです」と北嶋さん。

　送迎車の台数は、他社のデイサービス、訪問介護、訪問看護などのものも併せれば、高崎市内で何千台もの台数になります。これを有効活用すれば、地域課題である交通弱者を支援できる。北嶋さんはそう考えているのです。

「無料送迎は通院だけでなく、レストランに行って食事するなど、そういうこともやっていけるといい。それができれば、地域経済も活性化します。規制緩和が必要な難しい問題ではありますが、ぜひ取り組んでいきたいですね」

　高崎市内の地域包括は、全市で26カ所あります。北嶋さんは、MWSが運営している地域包括で無料送迎をすることで、地域包括同士の切磋琢磨も期待したいといいます。

「日高デイトレの地域包括では、通院の無料送迎をやってくれる。移動販売車も走らせてくれる。それなのに、なぜうちの地域包括はやってくれないのかという話になるかもしれないですよね。僕は各地域包括の管轄する26のエリアを"スモールシティ"と考えているんです。地域包括を運営している僕らが保険者になったつもりで、この地域のサービスをどんどんふやしていけばいいのではないかと。それで、ここに住んでいてよかった、MWS日高があってよかった、と言われるようになりたいですね」

　高崎市内の26カ所の地域包括には、市内中心部の地域包括もあれば、村部の地域包括もあります。それぞれの管轄エリアによって、地域の事情も課題も異なります。

「だから、課題解決はその地域ごとに考えなくてはならないんです。そして、このエリアの地域課題は、僕たちが考えて解決していくつもりです」と、北嶋さんは力強く語ってくれました。

まず自分たちが楽しむことで関わる全ての人の笑顔を引き出し、幸せを追求する

むさしの園（埼玉県 狭山市）

埼玉県狭山市南入曽

埼玉県南東部、所沢市と隣接する地域に位置する。西武鉄道の入曽駅を最寄りとし、駅前からの狭山茶の茶畑、雑木林などを抜けると、1970年代に宅地造成された新興住宅街が広がる。東京への通勤者が多く住宅を求めた、「埼玉都民」のベッドタウンの一つである。すでに宅地開発から45年以上を過ぎて子世代が独立し、高齢者世帯が目立つ。高齢化率は29.8％と、狭山市内で最も高い地区である。一方で、地縁も築かれ、自治会活動が熱心に行われている。

　埼玉県狭山市南入曽にある従来型の特別養護老人ホーム。特別養護老人ホーム2施設とデイサービス、ケアハウス等の運営と、事業規模は決して大きくないが、埼玉県での存在感は大きい。理事長自らがリーダーシップを取って開催するイベントも多く、その活気と楽しさから「イベントのむさしの園」との評判が高い。職員、利用者、その家族だけでなく、地域住民や近隣の大学生なども巻き込む様々なアイデアは、地元のお祭りの活性化にもつながっている。

名　称	むさしの園
所在地	埼玉県狭山市南入曽1044-1
設立年月	1997年3月
代表者	理事長　大野裕明
従業員数	200名（2017年2月末現在）
事業内容	介護老人福祉施設、短期入所生活介護、ケアハウス、通所介護、在宅介護支援センター、居宅介護支援、訪問介護

2章—2 ● win-winの関係が生む地域活性化
むさしの園

むさしの園の KEY POINT

❶ 住民を呼び込む場の整備
❷ 人を気持ちよく動かす
❸ 幸せを追求する理念の実践

KEY POINT ❶ 住民を呼び込む場の整備

▶イベント告知で住民のドアをノック

　「むさしの園」がある埼玉県狭山市南入曽の周辺は、1970年頃開発された新興住宅地。開発から45年を過ぎ、住民も高齢化が進んできました。それでも、「むさしの園」に隣接する若葉台地区は組織運営に慣れているサラリーマン経験者が多く、自治会活動が活発です。非常に組織的に運営されている印象だと、「むさしの園」の施設長で社会福祉法人至福の会理事長の大野裕明さんは言います。

自治会●町内会など、自治組織で運営されている会のこと。

　「7月に開催する自治会の納涼祭も、狭山市では一番盛大です。うちの駐車場を会場として提供していますが、毎年、1500人ぐらいが訪れますね」と大野さん。
　和太鼓や阿波踊り、地元の中学のブラスバンド部の演奏、「むさしの園」による花火などの出し物が催され、自治会のソフトボールチームやゴルフの会、里山の掃除をする会、子ども会、婦人会などによる模擬店も多数出店します。
　「うちからも模擬店を一つ出しますし、エレベーターの中におまつりのポスターを貼ったり、ご家族にもお知らせしたりしています。目の前でやっているので、入所者

「むさしの園」を運営する社会福祉法人至福の会理事長の大野裕明さん

79

さんにも、見に行っていただいたりしています」と大野さんは言います。

そもそも、「むさしの園」と近隣自治会との関わりは、1997年の開設時にさかのぼります。当時、狭山市には、「相談協力員」という制度がありました。市長が、各**在宅介護支援センター**の管轄内に10名ずつを委嘱。在宅介護支援センターと連携しながら、地域の高齢者を見守り、相談に乗るのがその役割です。しかし、この相談協力員の存在は、なかなか地域住民に浸透しませんでした。

そこで、在宅介護支援センターを運営していた「むさしの園」は、「ふれあいの会」という住民交流会を立ち上げ、元気高齢者を集めて、年2回、イベントを開催することにしました。その会を相談協力員が主体になって運営すれば、地域に存在を知ってもらえるのではないかと考えたのです。参加費は200円。午前中講座を開き、一緒に昼食を食べて、午後、体操をするという内容でした。

「地域とのつながりがなくなっている家庭を、相談協力員が、何の用もないのに訪問して、いきなり『最近どうですか』と言っても、『何しに来たんだ』ということになりますよね。だから、『ふれあいの会』のチラシを持って、

在宅介護支援センター●老人福祉法に基づいて設置された、高齢者福祉のための相談、連絡調整機関。2006年に地域包括支援センターが設置され、多くは地域包括支援センターに移行した。しかし、狭山市のように、今も在宅介護支援センターを設置している自治体もある。

「むさしの園」の駐車場を開放して開催されている自治会の夏祭りには、「むさしの園」の職員も出店

2章—2 ● win-winの関係が生む地域活性化
むさしの園

ドアをノックすればいいのではないかと思ったんです」と大野さん。

何回か声をかけていくうちに、参加するようになった住民もいます。参加するようになれば、地域住民とも在宅介護支援センターともつながりができ、閉じこもらずにすむようになっていきます。

「そういう身近な"お助け隊"みたいなものがあると知っていれば、相談して救われるケースもあると思うんです。知らないから、悲しい事件が起きたりしてしまう。『ふれあいの会』のようなイベントをツールに、自治会や地域住民をつないでいくのは大切なことだと思っています」と大野さんは言います。

在宅介護支援センターは、2006年の制度改正による**地域包括支援センター**の設置で機能を統合し、廃止にした市町村が少なくありません。狭山市では委託運営が続いていますが、相談協力員制度は廃止になりました。しかし、「むさしの園」を中心とした4自治会の相談協力員には、今も理事長名で委嘱状を出し、引き続き活動を続けてもらっています。

「せっかく、『ふれあいの会』で地域とつながりができたのに、なくしてしまうのはもったいないでしょう?」と大野さん。

相談協力員の協力もあって、「ふれあいの会」は開始から10年以上を経た今も毎回50人ほどが参加し、賑わっています。

また、2015年に、「むさしの園」の向かいに開設した「むさしの園 わかば」では、**地域交流室**を使って、月1回、「わかばカフェ」を開催しています。こちらは、認知症を持つ人やその家族、地域住民に職員も加わり、お茶を飲みながら情報交換したり、交流したりするスペースです。毎回、**セラバンド**体操やボランティアによる演奏会などを開催。100～200円で飲物も提供しています。2015年12月には、

地域包括支援センター▶P75参照

地域交流室●特別養護老人ホームや介護事業所の中に設けられた、地域住民が利用できるスペース。住民を招いた交流会を開催したり、住民の趣味活動、地域活動の場として貸し出されたりしている。

セラバンド▶P71参照

「むさしの園」の向かいに開設した特別養護老人ホーム「むさしの園わかば」で開催している「わかばカフェ」

オレンジカフェ●認知症を持つ人と地域住民や、医療、介護などの専門職が、お茶やお菓子を楽しみながら交流する場。公民館や介護施設のほか、個人宅で開催しているところもある。

狭山市から「オレンジカフェ」として登録されました。狭山市には、オレンジカフェが30数カ所ありますが、特養で運営しているのはここだけです。

「『わかばカフェ』は、『ふれあいの会』と目的は似ていますが内容が違います。両方に来られている方もいるし、こちらだけに来られる方もいる。住民と触れ合う場はいろいろある方がいいと思ってやっています」と大野さんは語ってくれました。

▶新たなつながりの場はグラウンドゴルフ場

「ふれあいの会」や「わかばカフェ」に加え、「むさしの園」が住民とつながる場として、2016年に新たに設けたのが、グラウンドゴルフ場です。グラウンドゴルフは高齢者に人気ですが、これまで狭山市内には専用グラウンドがありませんでした。愛好者は市営グラウンドなどを順番待ちして予約し、プレーしています。しかし、サッカーなどと共用のグラウンドでは凹凸が激しく、パターのようにボールを転がすグラウンドゴルフのプレーには不向きでした。

グラウンドゴルフ●専用のクラブでボールを打ち、ホールポストにホールインするまでの打数を競う競技。通常のゴルフほど場所を選ばずプレーでき、ルールも簡単であることから、高齢者の間で人気が高い。

「それで、隣接する土地にグラウンドゴルフ場をつくっ

たら、まだデイサービスを利用するほどではない人たち、特に男性たちが、家に閉じこもらず、外に出てくるんではないかと。そういう、趣味を楽しめる場所があれば、元気高齢者の交流の場になるのではないかと考えたんです」と大野さん。

　グラウンドゴルフは公式には8ホール。1日に50人ぐらいはラウンドできるのではないかと、大野さんは考えています。

　「これを突破口に、いろいろなものにつなげていけるのではないかと思っているんですよ。専用の建物をつくって、そこに掲示板を設置すれば、フリーマーケットをやるから来てくださいとか、そういう情報提供の場にもなります。それに、ゴルフ場の利用者が地域に戻れば、そこでまた輪が広がっていきます。やり方、考え方によってどんどん広げていけるのではないかと期待しています」

　住民とつながる新たなツールをどう活用していくか。大野さんは、いま頭を巡らせているところです。

新たに近隣の住民たちとつながる場としてつくったグラウンドゴルフ場。すでに住民たちに活用されており、これからの展開が期待される

KEY POINT ❷　人を気持ちよく動かす

▶まつりに行きたいと思わせる動機づけ

　「むさしの園」がある埼玉県狭山市では、毎年8月、「狭山市入間川七夕まつり」が開催されます。西武鉄道狭山市駅か

ら約1.5kmに渡り、130本もの七夕飾りが並ぶこのまつりには、毎年40万人が訪れるといわれています。そんな関東有数の規模を誇る七夕まつりですが、一時期は、商店街が廃れて七夕飾りを出す企業や商店が減少。七夕通りの一つを閉鎖するという、縮小の危機に陥ったことがありました。

　そのとき、市役所から「福祉施設で七夕飾りを出してもらえないか」と頼まれたのが、狭山市介護保険サービス事業者協議会の会長を務めている大野さんでした。大野さんは、閉鎖を検討している通り全体の七夕飾りを市内の特養に任せてもらうことを条件に、依頼を受けることにしました。

　「それから、みんなで協力して七夕まつりを盛り上げようと、施設長会で狭山市内の特養を運営する7法人に声をかけたんです。それで、全法人が七夕飾りを出すことになりました」と、大野さんは振り返ります。

　大野さんには、引き受けた七夕通りに客を集め、盛り上げるアイデアがありました。まず、七夕飾りをデイサービスの利用者と一緒につくることです。そのときつくっ

「狭山市入間川七夕まつり」には、市内の7つの社会福祉法人が出店。
近隣の大学生や中学生がボランティアを務めた

た七夕飾りは、完成すると数メートルの長さがありました。デイサービスでは、出来上がった飾りを天井から吊るしても床に引きずり、全体像がわからなかったのです。それが、利用者、さらにはその家族に、「まつりに行って、つくった七夕飾りを見てみたい」と思わせる動機づけになりました。

　まつりに行くといっても、車いすや歩行に不安がある高齢者にとって、1.5kmもある七夕通りすべてを見て回るのは大変です。しかし、市内の特養が七夕飾りをつくった一つの通りだけなら、ゆっくり見て楽しめます。大野さんが一つの七夕通りの飾りを請け負ったのは、利用者を連れて行くことも考えてのことでした。そして「むさしの園」では、2日間にわたって開催される七夕まつりの1日目にはデイサービスの利用者を、2日目には特養の入所者を連れて行くことにしたのです。

▶おまつり見学の車いす介助に動員したのは

　しかし、何十人もの高齢者をまつりに連れて行くには、職員だけでは人手が足りません。そこで、大野さんは、狭山市内にある大学の学生に、ボランティアとして助っ人に来てもらおうと考えました。

　「ちょうどその年、**介護職員初任者研修**を開講することにした大学から依頼を受けて、市内の全社会福祉法人から、研修の講師を派遣するようになったんです。そんなつながりがあったので、大学側に50人ほど学生さんにボランティアとして協力してもらえないか、とお願いしました」と大野さん。

　実は大学側も、以前から市の要請を受けて、七夕まつりのボランティアには協力していました。「それより車いすを押しながらお年寄りと話す方が楽しいと言ってくれる学生さんが多かったんです。今では人気のボランティア活動

介護職員初任者研修●旧・ホームヘルパー2級研修のこと。介護職の入門的研修。この研修を終了すればホームヘルパーとして勤務できる。

として定着しています」と大野さんは言う。

これで、利用者と利用者の家族、各施設の職員、大学生と大勢が足を運ぶようになり、寂れて露店もまばらだった七夕通りは、すっかり賑わいを取り戻しました。

「我々が関わったことで、500人以上の相乗効果がありましたね。人が集まると露店が出ますし、露店が出るとまた人が集まります。通りがにぎやかになったと、商店街の人にも喜ばれました」と、大野さんは言います。

こうしてみると、特養も利用者も学生も、まるで大野さんの思惑通りに動いているかのように見えます。なぜでしょうか。それには、理由があります。

たとえば、前述した大学での介護職員初任者研修。各法人からは、講師として職員を2名ずつ派遣しています。多くの介護施設はギリギリの人員で職務に当たっており、講師派遣は決して積極的に受け入れたい要請ではありません。そこで、大野さんはこの要請を引き受けるに当たり、大学側に一つ要望を出しました。それは、初任者研修のプログラムの中で特養等での現場実習を実施してもらい、それを狭山市内の特養やデイサービスで受け入れる、というものでした。

「介護の職場は求人難ですから、学生さんとの接点は多ければ多いほどいい。実習に来てもらったり、ボランティアでお年寄りと接してもらったりすることで、介護の仕事に興味を持ってくれる人が1人でも増えればと考えました」と大野さん。市内の特養にとっても、それなら勤務シフトをやりくりして職員を派遣するメリットがあります。

一方的に何かをしてもらうのではなく、引き受ける相手にとってもメリットのある提案をする。そうして大野さんは、気持ちよく人を動かし、地域活性化にも貢献しているのです。

2章—2 ● win-winの関係が生む地域活性化
むさしの園

KEY POINT ③ 幸せを追求する理念の実践

▶「むさしの園」自慢のイベントの数々

　「むさしの園」は、"本気"のイベントが多いことで知られています。まずは3月に行う「マグロの解体ショー」。新卒者の入社式に合わせて、10年以上前から開催しています。築地で仕入れてきた2m超のマグロを運び込み、調理師が目の前でさばきます。寿司を握って試食して、この日の昼食は鉄火丼。特養、併設する**ケアハウス**など、200人分をつくります。普段、**ミキサー食**や**刻み食**の入所者も、この日ばかりは**常食**を食べたがるといいます。

　「開催日が決まると、職員はみんな勤務表を気にするんです。だから、この日勤務ではない職員も、ボランティアに来たらマグロを食べていいことにしています。結局、なんだかんだ、みんな来ていますね」と大野さんは笑います。

　次のイベントは、6月の「職員バーベキュー大会」。バーベキューでよく見られる焼きそばなどではなく、狭山市で有名な牧場直送の豚肉を振る舞います。

　「120gの厚切りポークを、参加者1人に1枚行き渡るよう用意しています。参加者は毎年、100人ぐらい。家族と一緒に来てもいいし、彼氏や彼女を連れてきてもいいと言ってあります」と大野さん。

　大野さん自身、美味しいものが大好きなグルメ人。厚切りポークの他に、魚介類も用意し、赤飯は新潟の餅米に岡山産のササゲを買ってきてつくります。ご飯も新潟産コシヒカリを炊くという、徹底的なグルメ食です。

　「そういうのがあると、参加率も高くなるんですよ。夜勤者以外はほとんど参加しますね」と大野さんは言います。

　7月には自治会の納涼祭があり、8月には狭山市入間川七夕まつりがあります。そして、9月には、「フェスタ」

ケアハウス●60歳、あるいは65歳以上の人が、比較的少ない費用負担で暮らすことができる施設。ある程度自立した生活を送れている人が入居する「自立型」と、要介護状態の人が介護をうけながら暮らす「介護型」がある。

ミキサー食●非常に嚥下状態(飲み込み)が悪い人のための食形態。出来上がった食事を、おかずごとにミキサーにかけてペースト状にし、かまずに飲み込めるようにしたもの。

刻み食●咀嚼機能が衰えた人のための食形態。出来上がった食事を細かく刻んだもの。細かく刻むと、かえって飲み込みにくくなるため、最近は刻み食をやめるところも増えている。

常食●通常の食事。

「フェスタ」では、職員が味にこだわった模擬店を出店。職員や地域住民による芸や踊りもあり、大いに盛り上がる

と呼ぶ、職員、採用内定者、入所者が参加する「むさしの園」最大のイベントが開催されます。デイサービス職員によるオリジナル劇、新卒入職者の芸、地域住民の太鼓や踊りなど、ステージでは様々な出し物が繰り広げられます。振る舞われる食べ物も、通り一遍ではありません。

　「グルメの『むさしの園』としては、メニューは事前にワイワイと試食会をして、みんなでチェックしています。焼き鳥も冷凍物なんて食べられませんから、鶏肉店を呼んできて、串に刺すところからやってます。職員からは、『大変なんですからね』と怒られてますが」と、また大野さんは大笑いです。

▶支える側が不幸では人を幸せにはできない

　そもそも「むさしの園」では、「フェスタ」に向けた会議を開いたら、模擬店で「何を出すか」ではなく、「何を食べたいか」を話し合うとのこと。まず自分たちが楽しまなければ、人を楽しませることなどできないと考えている

からです。とことん楽しむために、何でも本気の本格派。ジョッキを冷やして生ビールを出すための冷蔵庫や製氷機など、そろえた設備も本格的です。それは、厨房機材のレンタル店が、「うちよりそろっているから、今度うちに貸してほしい」と言ってくるほどです。

　理事長の大野さん自らが本気でイベントを楽しんで、職員を楽しさに巻き込み、その楽しさが入所者へと広がっていく。それが「むさしの園」の大きな特徴です。そうして周囲を楽しさに巻き込んでいく大野さんですが、その言動は、しかし決して独りよがりにはなりません。それは、「関わるすべての人を幸福にすること」という経営理念を、常に意識しているからです。

　「ある方の講演でこんな言葉を聞いたんです。『一番大切なのは何ですか。お客様ではありません。従業員なんです』と。従業員を大事にしている会社が最終的に生き残る、というんです」と大野さん。

　福祉は人が人を支える仕事なのだから、支える側が不幸では支える相手を幸せにはできません。利用者も大事だが、それ以上に従業員を大事にしたい。幸せにしたい。大野さんは、そう考えているのです。

　「では、何があれば幸せになれるかな、と。それはいつも考えていますね。幸福を感じるのはどういうときなのかを突き詰めてみると、人の役に立てたときが究極なのではないかと。地域の人を巻き込んで、ここをたくさんの人が集まり、支え合える関係づくりの場にしようとしているのも、そういう取り組みを見て、職員が何か感じてくれるのではないかなと思っているからです」と大野さん。

　入所者やその家族だけでなく、職員も、地域の人も、みんなが幸せであるように。そんな理念を実践している「むさしの園」で働けてよかった――。職員のそうした思いがまた、次の支援につながっていくのです。

住民が自主的に動き、「ここで暮らせてよかった」と地区住民みんなが思える町にする

黒田キャラバン・メイト（静岡県 富士宮市）

静岡県富士宮市黒田

富士山の南南西、富士宮市の中南部に位置する。人口約13万4000人、約5万4500世帯の富士宮市のうち、黒田には約1300世帯、3300人が暮らす。富士宮市全体の高齢化率は約25%。黒田も同等の高齢化率である。富士宮市は、認知症になっても住み慣れた町で自分らしく暮らし続けるための支援に積極的な自治体として知られている。その中でも、黒田地区は住民が主体となって継続的に認知症を知り、支え合う仕組み関係づくりを熱心に取り組んでいる。

全国でも珍しい、一般住民によるキャラバン・メイト（→P91）。キャラバン・メイト養成研修は、原則として受講対象者を、認知症介護についての一定の知識を持つ介護職や、認知症介護経験者等としている。しかし富士宮市では一般住民にも受講の窓口を開いており、その中から生まれたのが、富士宮市黒田の「黒田キャラバン・メイト」である。黒田での認知症についての理解を深める活動は、20名の「黒田キャラバン・メイト」が中心になって担っている。

名　　称	黒田キャラバン・メイト
発足年月	2010年1月
代 表 者	外岡準司　（元ケアマネジャー）
参加人数	20名　（2017年2月末現在）
活動内容	「認知症サポーター養成講座」の開催、「黒田よりあいサロン」の開催 ＊その他、市内・県内の認知症に関わる活動（Dシリーズ、RUN伴等）への参加、「歩ち歩ち（ぼちぼち）クラブ」（認知症を持つ人とのギタークラブ）にもギタリストのメンバーとして参加、等

Dシリーズ●全日本認知症ソフトボール大会の通称。認知症になってもやりたいことに挑戦し続けたいという当事者の声で、2014年から始まった、真剣勝負のソフトボール大会。富士宮市内の球場で年1回、3月に開催される。

RUN伴●認知症を持つ人を一方的に支援するのではなく、一緒に一つの目標を達成しようと、2011年に始まった日本縦断のたすきリレー。認知症を持つ人もそうでない人も、おそろいのTシャツを着て、走ったり応援したりする。

2章—3 ●住民ぐるみの地域での支え合い
黒田キャラバン・メイト

○ 黒田キャラバン・メイトの KEY POINT ○

❶ あきらめない粘り強さを持つ
❷ 継続で認知症への対応力を培う
❸ ここにいたいと思える場をつくる

KEY POINT ❶ あきらめない粘り強さを持つ

▶認知症を持つ人のパトカー事件

　毎週木曜日、午前9時が近づくと、静岡県富士宮市黒田地区にある黒田区民館に、続々と人が集まってきます。「黒田よりあいサロン（以下、サロン）」が開催されるのです。サロンは、参加無料で、お茶を飲みながらおしゃべりを楽しむ場。毎回、地域の高齢者が20人から30人ほど集まります。認知症を持つ人も、近所の住民や家族に付き添われて参加しています。参加者にサロンについて聞くと、「うちに一人でいてもつまらないが、ここに来るといろいろな人と話せて楽しい」「おしゃべりの中で教わることも多くて、1週間が待ち遠しい」「自分より高齢の方の元気な姿を見ると、私も頑張ろうという気持ちになる」「ここに来るようになっておしゃれするようになった」など、笑顔で語ります。住民にとって、サロンに来ることが楽しみの一つとなっていることがかがえます。

　2013年5月にこのサロンを始めたのは、黒田地区に住む外岡準司さん。元ケアマネジャーで、「認知症サポーター養成講座（以下、養成講座）」の講師役である「キャラバン・メイト」です。

　外岡さんが、認知症を持つ人も含め、誰にとっ

ケアマネジャー▶P67参照

認知症サポーター養成講座
▶P38参照

キャラバン・メイト●自治体と全国キャラバン・メイト連絡協議会が実施する「キャラバン・メイト養成研修」の修了者。「認知症サポーター養成講座」を開催することができる。

黒田キャラバン・メイトのリーダー、外岡準司さん

ても居心地のいいまちづくりに取り組むようになったのは、2008年にキャラバン・メイトの養成研修を受けた頃。きっかけは、自宅の近所で、認知症を持つ人の混乱からパトカーが駆けつける事件が起きたことでした。

「その人は、前々からうちに来ては、近所の誰々さんが何々を盗んでいった、と訴える人だったんです。それまでは話を聞いてあげれば落ち着いていたんですが、この日は、疑っている相手の家に、直接、乗り込んでしまって」と外岡さんは、当時のことを振り返ります。

いわれのない疑いをかけられた家の人が、困って警察に連絡したことから、静かな町内にパトカーが来る騒ぎとなりました。

「そのとき、自分が暮らす近所でこんなことが起きているとしたら、黒田地区の他の場所でも、同じようなことが起きているのではないかと思ったんです。認知症のことをみんなが理解していたら、こんな事件は起きなかったはず。それなら、キャラバン・メイトの自分が認知症サポーター養成講座を開いて、認知症のことをみんなに知ってもらえばいい。そうすれば、こんな事件は起きなくなる。そう思ったんです」と外岡さんは言います。

▶地域で汗をかく姿を見せる

外岡さんがまず考えたのは、お金をかけずに養成講座を開くことでした。講師を務める自分も受講する人たちも、負担がかかると、長くは続けられないと思ったのです。そこで、地区内にある住民のための集会所、黒田区民館で開催しようと考えました。区民館を使うには、区長の許可が必要です。外岡さんは、早速、当時の区長に養成講座を開きたいから使わせてほしいと頼みに行きました。しかし、いくら頼んでも許可がもらえません。2008年当時、一般の人たちの認知症に対する知識や関心は、まだまだ乏しい

2章—3 ●住民ぐるみの地域での支え合い
黒田キャラバン・メイト

「歩ち歩ち（ぼちぼち）クラブ」には、若年性認知症を持つ佐野光孝さん、石川恵子さん（それぞれ前列右から2、3番目）も参加。一緒にコンサートも行う

ものでした。それまで区長とは全く面識のなかった外岡さんが、いきなり認知症についての講座を開くから区民館を使わせてほしいと頼んでも、区長にはその意義や意図が十分には伝わらなかったのでした。

　ただ、この町を住みやすい町にしようと思っているだけなのに、なぜわかってもらえないのか——。そんな悔しい思いをしながらも、外岡さんはあきらめずに区長に何度も働きかけました。並行して、外岡さんは趣味の仲間を募って、黒田地区でギタークラブや卓球クラブを立ち上げたり、自治会のお祭りなどに参加して、労を惜しまず地域のために汗をかいたりしていました。

　「たこ焼きなんて、本職よりうまくなるぐらい、お祭りで何度も焼きましたよ（笑）。そのうち、区長が私のそんな姿を見ていて、『おまえは本当に何の利益も求めていないんだな』と言ってくれたんです。そうだよ、自分の力でほんの少しでもこの地域が良くなればと思って、そのためにやりたいだけだよ、と改めて伝えたら、ようやくわかってくれました」と、外岡さんは当時を振り返ります。

初めて頼みに行った日から、1年が過ぎていました。
　何かを変えようと思うなら、小さなことでいいからそのとき自分にできることは何かを考えて、ともかく動き出すことが大切だと、外岡さんは言います。
　「でも、動き出したとしても、何も変わらないこともあります。むしろ、よく知らない者が働きかけたところで、回りはすぐには動かないのが当然かもしれません。だから、一生懸命働く姿を見てもらうんです。そうしているうちに、回りから声がかかるようになって、だんだん自分がやろうとしていることと結びついていきます」と外岡さん。
　外岡さんが立ち上げた黒田ギタークラブや卓球クラブに加わり、そこで養成講座を受けた住民もいます。外岡さんと一緒にギターを楽しむようになり、それまで無関心だった自治会のお祭りや防災訓練に参加するようになった住民もいます。そうして、黒田地区の住民は認知症を持つ人への対応を学んだり、地域への関心を高めたりしつつあるのです。目先の結果を求めず、あきらめず地道に続けていくこと。その先にこそ、新たな展開が待っていることを、外岡さんは教えてくれました。

KEY POINT ② 継続で認知症への対応力を培う

▶毎回内容を変えているサポーター養成講座

　外岡さんがたった一人で、第1回の認知症サポーター養成講座を開催したのは、2009年10月。回覧板を回し、参加者を募りました。参加者は、20人弱。そのころは、養成講座を毎月開催していたといいます。
　「そうして回を重ねていくうちに、キャラバン・メイトの資格を取りたい、一緒に活動したいという仲間がふえていったんです。それで、2010年1月に『黒田キャラバン・

2章―3 ●住民ぐるみの地域での支え合い
黒田キャラバン・メイト

メイト』を発足して、みんなで養成講座を運営するようになりました」と外岡さんは言います。

キャラバン・メイトの資格を取るのは、多くの場合、行政職員や介護職、地域包括支援センター職員など、高齢者を支援する立場にある人たちです。自治体によっては、キャラバン・メイト養成研修の受講資格を支援者に絞っているところもあり、一般の住民が資格を取るケースは多くありません。「黒田キャラバン・メイト」は、20人もの一般住民が自主的に資格を取って養成講座を開催している、全国的に見ても珍しいグループなのです。

2016年6月までの約7年間で、黒田地区で開催した養成講座は26回。今は、年3回ほど開催しています。認知症を持ち、富士宮市内で暮らす佐野光孝さんと石川恵子さんを講師に招き、当事者の気持ちを語ってもらったこともあります。毎回、30～40人が参加するこの講座では、外岡さんはキャラバン・メイトのメンバーによる寸劇とともに、いつも認知症にまつわる違う内容の話をして聞かせます。

「養成講座を1回受講したからといって、それで認知症のことが理解できるようになるわけではありません。だから、何度も聞きに来て認知症についての理解をどんどん深めてほしいんです。毎回違う話をしているのも、そのためです」と外岡さんは言います。

実際、黒田地区では、養成講座を繰り返し受講するリピーターも多く、住民の認知症への理解が進んでいます。認知症を持つ人に気づいた住民は、冒頭で紹介したサロンに誘います。サロンで他の住民とも交流するようになると、認知症を持つ人は、次第に地域で自然と声をかけられ、見守られるようになっていきます。最近では、認知症があっても、楽しそうに暮らしている人が増えてきて、認知症があるなら周囲にそう伝えた方がいいという雰囲気になってきたと、外岡さんは言います。

佐野光孝さん●58歳で若年性認知症と診断され、仕事を失った佐野さんは、今後どう生きていけばよいかを市役所で問いかけた。この問いかけに富士宮市が真摯に対応。認知症を持つ人を面で支え、認知症になっても暮らしやすい町づくりを進めていった。

石川恵子さん●仕事のストレスから48歳で若年性認知症との診断を受ける。現在、隣の区から黒田よりあいサロンに参加するなどして交流している。

「今では、認知症を持つ人がいつもと違う場所に行ったり、いつもと違う行動を取ったりすると、あそこにいた、ここで何々をしていたと、住民からキャラバン・メイトに情報が集まるようになりました。だから、自宅から離れたところに行ったとしても、誰かが見つけて連れて帰ってくれます」と外岡さん。

改めて"徘徊模擬訓練"などしなくても、日常的に"点"ではなく"面"で見守られている。だから、認知症を公表してしまえば、"徘徊"といわれるようなことは起こらなくなってきた。それが、今の黒田地区の状況なのです。

「住民は養成講座を何回も受けていたり、日頃からサロンで認知症のある人と接していたりします。だから、認知症のある人がちょっと困っている様子は、見かけたらすぐにわかるんです」と外岡さんは言います。

▶住民全員の養成講座受講を目指す

大人だけではありません。黒田地区では、小学生が認知症のある人が困っている様子を見て大人に伝え、事なきを得たこともありました。小学生も見守りの目になってくれると気づいた外岡さんは、それをきっかけに小学校でも養成講座を開いています。

「あるとき、質疑応答で『うちのおじいさんはいつも同じことを聞いてくるんですけど、どうしたらいいですか』という質問があったんです。『あなたはどうしていますか』と聞いたら、『その都度、答えています』という。『それが正解です』と答えながら、小学生が正しく対応していることに驚きました」と、キャラバン・メイトのメンバーは言います。認知症を持つ人への黒田地区での対応は、こうしてどんどん厚みを増しているのです。

「ここに暮らしていてよかった」。最近、認知症を持つ人から、そんな声が聞けるようになったのだと、外岡さんは

徘徊模擬訓練●認知症を持つ人の行動・心理症状の一つとして知られる「徘徊」への対応を学ぶ訓練。認知症を持つ人が行方不明になったという想定で、住民に対して情報を発信し、それを聞いた住民たちがその人を探し、声をかけ、保護するという訓練。福岡県大牟田市が発祥。

2章—3 ●住民ぐるみの地域での支え合い
黒田キャラバン・メイト

小学校での「認知症サポーター養成講座」では、
児童たちが真剣に話に聞き入っていたという

うれしそうに言います。外岡さんと黒田キャラバン・メイトがつくり上げてきた、認知症を持つ人に対する黒田地区の"分厚い"対応。それが、認知症を持ちながらここで暮らす人たちに安心感を与えているのです。

　全国の自治体の中には、サポーター養成講座の受講者数の累計を認知症対応の「実績」とし、それで住民の認知症への理解が進んだととらえているところも少なくありません。もちろん、養成講座を受講する住民の数が増えることにも意義はあります。しかし、大切なのは、受講した住民が認知症を持つ人に対する理解を深め、黒田地区のように、認知症を持つ人が「ここで暮らしていてよかった」と言える地域にしていくこと。そうでなければ、養成講座を開催する本来の目的は達成されたとはいえません。

　「先日、回覧板に養成講座のお知らせを挟んで回したら、近所の人から、『おまえ、まだこんなことやっているのか』といわれました。そう言ったその人は、まだ養成講座を受

講したことがありません。だから、私は言ったんです。『そうだよ、あなたが受講するまで続けるよ』って。このしぶとさが大事なんです」と外岡さんは笑います。

　黒田地区の全員が受講するまで、養成講座を続けよう。外岡さんは、そう心に決めているのです。

KEY POINT ❸　ここにいたいと思える場をつくる

▶サロンは誰にとっても居心地のいい場

　冒頭で紹介した「黒田よりあいサロン」を外岡さんが始める前、黒田地区にはすでに月1回、イベント的に開催される3世代交流の場、「黒田寄り合い処」がありました。外岡さんはその立ち上げから関わり、ギターを弾いてみんなで歌を歌ったり、ポン菓子を振る舞ったり、運営にも汗を流していました。しかし、外岡さんは、もっと気軽に集まれる、地域住民のための"居場所"がほしいと考えていました。それは、少なくとも週1回は開催される、誰でも参加できる場所。そう考えて、サロンの運営を始めたのです。

　外岡さんと一緒にサロンを運営しているのも、みな黒田地区で暮らす住民です。前出の20人の「黒田キャラバン・メイト」と、サロンの運営趣旨に賛同した住民を合わせた26人が運営を担っています。住民が自発的に地域のことを考えて行動している好例として、2015年には、オランダの保健・福祉・スポーツ省副大臣が視察に来たこともあります。

　このサロンの運営にもまた、負担がかかることはやめようという、外岡さんやスタッフの考えが色濃く反映されています。サロンで決まって行うのは、最初に「ボケない小唄・ボケます小唄」を歌うことと、最後にリハビリ体操をすること。あとは、参加者がそれぞれ自由に過ごします。

黒田寄り合い処●黒田区民館を利用して月1回開催される、子どもから高齢者までの地域の交流の場。社会福祉協議会が運営。

ポン菓子●米などを回転式の圧力釜で熱して10倍ほどに膨らませ、甘みをつけた菓子。掛けた圧力を抜くとき、大きな音がすることから、ポン菓子、ドン菓子などと呼ばれている。

ボケない小唄・ボケます小唄●「お座敷小唄」の替え歌。どう暮らせばボケないか、ボケるかをユーモラスに表現している。「よりあいサロン」の運営スタッフの提案で、サロンの最初に歌うようになった。

2章—3 ●住民ぐるみの地域での支え合い
黒田キャラバン・メイト

「黒田よりあいサロン」を視察したオランダの副大臣は、「どうすればオランダでも、こうした住民の自主的な活動を引き出せるか」と悩みながら帰ったという

　「参加者からはお金を取らない。スタッフの報酬はなし。正月、開催記念日、お盆の年3回以外に食べ物の提供はなし。それがサロンの決まりです。ここは、お茶だけで楽しく語らう場なんです」と外岡さんは言います。

　サロンのテーブルの一角では、折り紙を持参して何人かで楽しんでいることもあります。たまたま、誰かが持って来た風船で風船バレーをすることもあります。しかし、あくまでも、一角だけであったり、たまたまであったり。それがサロン全体のプログラムになることはありません。趣味で気が合ったら、折り紙などは別の日にサークル活動として行ってもらっています。

　「みんなで何かをしようというと、やりたくないと思う人もいるでしょう。それが続くと、ここに来たくなくなってしまうかもしれません。だから、こちらからは何も押しつけません。スタッフにしても、みんなを楽しませるた

めに何かやろうと思ったら、それが負担になります。とにかくお金をかけず、誰にとっても負担にならないように続けられる場にしたかったんです」と外岡さん。

運営も、毎回、司会役などを担う当番は3人だけ。あとは、手が空いている人がいれば手伝いに来ることにしました。すると、多い日には15,6人のスタッフが来るのです。

「スタッフ同士も仲がいいですし、何より来ていて自分自身が楽しいんですね。地域の知り合いがふえて、外を歩いていても声をかけていただけます。困ったことがあった時、お願いできますか、と頼める相手もふえました」と、ス

「黒田よりあいサロン」は、住民ボランティアが自主的に運営。決まりごとのない自由な雰囲気で居心地がいい

タッフの一人、宇佐美弘子さんは言います。

午前9時に始まり11時30分にお開きになるまで、参加者、スタッフのにぎやかなおしゃべりは途切れることなく続きます。誰かが一人でぽつんと過ごしているという姿も見られません。外岡さんとスタッフの願っていた通り、サロンは誰にとっても居心地のいい場となっているのです。

▶すべての人が暮らしやすい町に

養成講座の開催やサロンの運営によって、地域での広い

2章—3 ●住民ぐるみの地域での支え合い
黒田キャラバン・メイト

人脈を持つようになった外岡さんやスタッフには、今や、高齢者だけでなく障害者や子育て家庭など、様々な情報が集まるようになりました。未就学児のいる家族が引っ越してきて、相談相手がいないという情報を聞き、黒田地区でやっている「**子育てサロン**」を紹介したこともあります。高齢者であれば、介護事業者と連携することもあります。外岡さんは、サロンに来ている人のケアマネジャーから相談を受けて、**サービス担当者会議**に参加することもあるといいます。

「サービス担当者会議には、地域の代表として出席させてもらっています。こちらから意見を言うこともあれば、地域でこんなふうに見守ってくださいと頼まれることもあります。最近は、訪問看護師さんからも地域でどう見守っていくか、連携したいという話をいただいています」と、外岡さんは言います。

黒田地区では、高齢者だけにとどまらない、住民同士の見守りや支え合いが少しずつ進んでいるのです。そんな中、外岡さんが今、課題と考えているのは、障害などが原因でサロンに来られない人にどう関わっていくか。その方法論として、こんなアイデアを聞かせてくれました。

「電球を替えたいのに替えられないとか。ごみを出したいのに出せないとか。そんなちょっとした困りごとがある人に登録してもらう。一方で、定年になって何か人のためにできることはないかなと思っている人にも登録を募る。それで、その両者をマッチングさせられないかなと思っているんです」と外岡さん。

そういうマッチングをしていけば、外に出てこられない人とも関われる。外岡さんはそう考えたのです。どうやっていくかはこれからだ、という外岡さん。地区の住民みんなが、「黒田で暮らしていてよかった」という町にする。それが、外岡さんとその仲間たちの願いなのです。

子育てサロン●地域の子育て中の母親たちの交流や情報交換の場。黒田地区では、週1回、黒田区民館で開催されている。社会福祉協議会が運営。

サービス担当者会議●介護保険の利用者に対して、どのような支援をしていけばよいかについて話し合う会議。ケアマネジャーを中心に、本人や家族、訪問介護等のサービス事業者などが参加するが、近隣住民が参加するケースは多くない。

主体的に活動する住民、専門職、地域の事業所が、活動を通して育ち合う

おおた高齢者見守りネットワーク・みま〜も（東京都 大田区）

東京都大田区入新井地区

東京都大田区の北東部に位置し、鉄道2路線とバス便が複数ある便利な土地である。商業施設や飲食店、商店街もあり、多世代が暮らし、働く地域となっている。高齢化率は大田区全域の23.1％よりやや低い20.7％*。JR大森駅を挟んだ東側では、一人暮らしの高齢者が住む集合住宅が多い。一方、西側は戦後、高級住宅地として発展し、洋館も点在するエリアだが、現在では高齢化が進んでいる。起伏に富んだ地形のため、脚力が衰えると孤立しやすい。

＊2016年4月現在

東京都大田区の地域包括支援センターのセンター長が発起人となってスタートした、地域の高齢者を見守る任意団体。入新井地区を中心に、大田区全域で活動する。専門職同士の連携だけでなく、地域の事業所、企業、商店街にも協力を仰ぎ、地域全体で高齢者を支えていく関係づくりを進めている。また、高齢者自身の積極的な活動を促し、活動すること自体を介護予防につなげている。同じ仕組みでの取り組みが鹿児島や群馬、大阪にも広がっている。

名　　称	おおた高齢者見守りネットワーク（みま〜も）
所在地	事務局／東京都大田区大森北1-34-10（大田区地域包括支援センター入新井内）
設立年月	2008年4月
代表者	代　表　片山敬一 発起人　澤登久雄（社会福祉士）
取り組み内　　容	地域づくりセミナー年8回開催、高齢者見守りキーホルダーの開発・普及、みま〜もステーションの運営、フリーペーパー年2回発行等
協賛企業事業所数	94社（2017年3月末現在）
登録住民サポーター数	87人（2017年3月末現在）

2章—3 ●住民ぐるみの地域での支え合い
おおた高齢者見守りネットワーク・みま～も

おおた高齢者見守りネットワーク・みま～もの

❶ 住民とつながるツールを持つ
❷ "お客さん" をつくらない
❸ 活動に愛着を感じさせる

KEY POINT ❶ 住民とつながるツールを持つ

▶対症療法的な対応では安心な地域をつくれない

　地域で支援が必要な住民が見つかり、**地域包括支援センター**（以下、地域包括）に連絡が入る。地域包括職員が急ぎ、支援に向かう。その対応が落ち着く間もなく、別の住民についての連絡が来る。そしてまた対応に走る――。これが、澤登久雄さんがセンター長を務める、地域包括支援センター入新井のこれまでの日常でした。

　「どれだけ対応してもきりがない。そう感じていました。このまま対症療法的な対応を続けても、高齢者が本当に安心して暮らせる地域はつくれないのではないか。そんな思いから、2008年に『みま～も』を立ち上げました」と澤登さんは言います。

　当初イメージしていたのは、専門職が連携して、地域住民を支援していく体制づくりでした。そこで、澤登さんは地域包括職員と、協賛事業所となった8つの介護事業所・地元企業と共に任意団体として地域づくりに取りかかります。まず取り組んだのは、地域住民を対象にした「**地域づくりセミナー**」。住民同士、互いの異変に気づくことの大切さを伝えようと、月1回開催することにしました。

地域包括支援センター▶
P75 参照

地域づくりセミナー●
2008年から毎月1回開催している地域住民対象のセミナー。70歳代、80歳代の住民が繰り返し参加している。「みま～も」から一方的に情報を提供することが目的なのではなく、住民と専門職が知り合う場、専門職同士がつながる場としても機能させている。

「みま～も」の発起人の澤登久雄さん

「とりあえず走り出してみて、1、2カ月たったとき、目的理念の明確化が必要だと感じるようになったんです。自分たちはなぜこれをやろうとしているのか。やることによって、何を目指しているのか。それを中心となるメンバーで共有することが大切なのではないかと。そうでないと、ただセミナーを開催するだけの仲良しグループの集まりになってしまうと思ったんです」と澤登さんは言います。

メンバーで話し合う中で生まれたのは、専門職が連携した"支援"のネットワークだけでいいのか、という視点でした。

「セミナーに来られない人こそ、専門職の支援を必要としている人たちです。それなら、そういう人たちの存在を見つけられる、"気づき"のネットワークもあわせてつくらなくては意味がないのではないか。そう思ったんです」と澤登さん。

リピーターも多い「地域づくりセミナー」。終了後は、「みま〜も」スタッフや講師に質問する住民も多い

■2016年度地域づくりセミナー開催予定

開催月	テーマ	講師
4月	いつまでも楽しく外出するために（尿漏れ防止）	おむつメーカー
6月	知っておきたい薬の話	医師・薬剤師
7月	備えて安心！『終活』を考えよう	地元の信託銀行
9月	備えて安心！『成年後見制度』を知ろう	弁護士・社会福祉士
10月	元気をつくる食事の工夫	管理栄養士
11月	お口と歯の健康管理	歯科医師
12月	災害が起こったときに～あなたが支援できること～	日本赤十字社東京支部
1月	いつまでも自分の足で歩くために～ツボ・運動編～	みま～も体力向上委員会

　そのためには、住民に異変に気づいてもらうだけでなく、気づいたとき、すぐに相談できる専門職の存在も必要です。そこで、「地域づくりセミナー」の講師は協賛事業所の専門職等に依頼し、地域人材で運営していくこととしました。身近にいて、いつでも助けてくれる専門職の存在を住民に知ってもらうためです。

　70～80歳代の住民が多数集まるこのセミナーには、開始以来8年たった今も、毎回、100～120人が参加します。セミナーが終わると、会場のあちこちで住民が「みま～も」スタッフ（地域包括職員や協賛事業所職員）をつかまえて話す光景が、当たり前のように見られるようになりました。セミナーは、大切なことは繰り返し聞いてほしいという意図で、毎年恒例のテーマと新しいテーマがあえて織り交ぜて運営されています。今ではリピーターも多く、セミナーの参加者からは、「一度聞いただけでは忘れてしまうから、何度も聞きに来ている」「来られなかった友人には、資料

をコピーして渡して説明してあげている」という声が聞かれます。このセミナーの開催意図は、すでに住民に浸透しているのです。

▶一つひとつの活動は住民とつながるための"ツール"

「みま～も」はこのセミナー開催を皮切りに、いくつもの事業を手がけてきました。月1回、デジタルカメラ教室などの「体験講座メニュー」とコース料理が楽しめる「みま～もレストラン」の開催。医療情報を共有する「高齢者見守りキーホルダー」の開発(右ページ参照)。会費を払ってボランティア活動に参加する「みま～もサポーター」の創設。サポーターとは、大田区から受託した「ふれあいパーク活動」にも一緒に取り組んでいます。寂れて訪れる人のなかった公園を一緒に再生し、花壇の整備や公園での体操活動などを行っています。

大森柳本通り商店街振興組合(以下、振興組合)とも連携し、空き店舗を活用してミニ講座を開催する、「みま～もステーション」も開設しました。その後、この空き店舗は

みま～もレストラン●「みま～も」協賛の高齢者施設と、そこに勤務する管理栄養士の協力を得て、役に立つ体験講座とおいしい食事がセットで楽しめる催し。2009年から月1回開催し、参加者同士の交流の場となっている。

みま～もサポーター●「みま～も」の活動を専門職と一緒に盛り上げる住民のボランティア。半年間2000円の会費を払って参加する。「みま～も」が開催するイベント、講座等に優先的に参加できる。

ふれあいパーク活動●大田区で実施されている、地域住民が公園を「地域の庭」として有効活用する活動。5人以上のグループで参加し、清掃活動を行うと、公園の広さにより月3000円～7000円が支援金として支給される。

ミニ講座●「みま～もステーション」(→P107)でほぼ毎日開催されている、趣味や介護、生活実用などの講座。協賛事業所だけでなく、「手話ダンス」のようはみま～もサポーター」が講師を務める講座もある。

アキナイ山王亭●大森柳本通り商店街にあった空き店舗を、商店街振興会が助成金を活用して改装。無料のお休み処とした。平日の日中は「みま～も」、夜は学習塾、週末は宮城県石巻市の特産品や商品を販売する団体が使用している。

「みま～もサポーター」と野菜や花を育てている「みま～もファーム」は、「ふれあいパーク活動」で再生した公園の一角にある

> **Column**
>
> ## 大田区高齢者見守りキーホルダー事業
>
> 2009年に「みま〜も」が考案した医療情報共有のツールで、2012年からは大田区の事業として再スタートした。住民が地域包括支援センターに申し込むと、緊急連絡先、かかりつけ医療機関、病歴、アレルギーなどの情報が登録され、登録番号が書かれたキーホルダーやカードを渡される。外出先で不測の事態が起きても、地域包括に問い合わせれば、登録番号からすぐにこれらの情報を得られる仕組みだ。登録後も地域包括と住民とのつながりを保つため、登録情報は毎年誕生月に、住民自身が地域包括に出向いて更新手続きをすることとされている。2016年10月現在、全国17市区町村で、同様の見守りキーホルダーを導入。この仕組みも含め、キーホルダー事業は実用新案として登録されており、キーホルダー本体の製造を一手に引き受けている大田区内の工場には、全国から注文が殺到。地場産業の振興にも一役買っている。
>
>
>
> 見守りキーホルダー

振興組合が改修し、商店街の無料お休み処「アキナイ山王亭」に生まれ変わります。平日の昼間は、このスペースを「みま〜も」が格安で借り受け、「みま〜もステーション」として使用しています。協賛事業所が得意分野を生かし、高齢者の生活に役立つ内容で開催するミニ講座は、年を追って開催日、内容が充実していきました。次第に、参加者だった地域住民が「手話ダンス講座」の講師を務めるなど、受

みま〜もステーション●「みま〜も」の活動拠点。現在は、「アキナイ山王亭」を「みま〜もステーション」として使用している。

商店街につくられた「アキナイ山王亭」では、毎週金曜日、「元気かあさんのミマモリ食堂」が営業している

元気かあさんのミマモリ食堂●毎週金曜日、「みま〜もステーション」で、「みま〜もサポーター」数人が運営する食堂。協賛薬局の管理栄養士の協力を得て、午前11時から限定20食のワンプレートランチを500円で提供している。

商店街振興組合の役員の野口晃一さん

け手が担い手になるという変化も。地域の活動団体による講座もふえ、今では平日は毎日、様々なミニ講座が開催されるようになっています。

　「アキナイ山王亭」では、毎週金曜日、サポーターの有志が調理と接客を行う、「元気かあさんのミマモリ食堂」も営業するようになりました。商店街を訪れた人や協賛事業所の人が立ち寄り、限定20食、500円のランチプレートを食べながら、サポーターとの会話を楽しみます。

　「時には、この食堂の説明や見守りキーホルダーの話をしてくれたりするんですが、専門職の僕たちが話をするのと、サポーターさんが話をするのは全く意味が違うんです。地域住民同士だからこそ言えること、聞けることがありますから」と澤登さんは言います。

　「アキナイ山王亭」を使用した、「みま〜もステーション」や「ミマモリ食堂」の活動のおかげで、客足が少なくなっていた商店街には人が集まり、活気も戻ってきています。商店街振興組合の役員を務めるカドヤ建設常務の野口晃一さんも、「こういう場所は時間と共に尻すぼみになっていくこと

が多いのですが、ここはどんどん利用する人が増えています。お祭りをすれば若い人も集まるようになり、商店街としてはありがたいことです」と満足そうに語ります。

こうした一つひとつの取り組みについて、澤登さんは、どれも住民とつながるための"ツール"であって、やること自体が目的なのではない、と言います。

「今、あちこちで認知症カフェを開いたり、住民向けの講演会を行ったりしていますよね。でも、それを開催するための専門職同士の連携や、開催自体が目的になってはいないでしょうか。たった１度のカフェや講演会のために専門職が集まって何度も打ち合わせるより、住民と一緒になってつながれる具体的なことをやった方がいいと思うんです。いいものにしようと、一緒に知恵を出して一生懸命やれば、その過程自体に意味がある。たとえその活動自体がうまくいかなかったとしても、一緒にやったという手応えや達成感を共有できれば、それで成功なんです」と澤登さんは言います。

KEY POINT ❷ "お客さん"をつくらない

▶お金を出すだけでなく汗もかく

これだけ様々な活動を、地域包括を中心とした任意団体で企画し、運営していけるのはなぜなのか。そう感じる方もいるでしょう。その理由について澤登さんは、ネットワークが広がり、しかも、みなが主体的に関わっているからなのだと語ります。

「関わる住民も協賛事業所もふえていく中で、この人とだったら何ができるだろうか、と考えるようになったんです。考えて、企画して、一緒に実践していくことで、手がける活動がふえていったという感じですね」

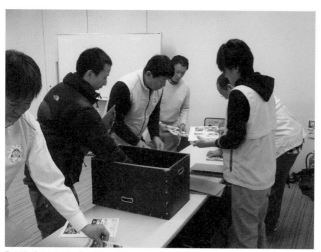

「地域づくりセミナー」の準備を通して、協賛事業所同士の親交が図られ、連携も深まっていく

そもそも澤登さんは、「みま〜も」の活動を始めたときから、"お客さん"をつくらないことを大切にしてきました。

「住民にも協賛事業所にも、お金を出してもらい、さらに主体的に活動に参加して、汗もかいてもらうということです。ボランティアとして活動する『みま〜もサポーター』には会費を払ってもらっていますし、協賛事業所には年12回のセミナーの運営を、分担してほぼすべての事業所に関わってもらうことにしています」

協賛事業所は、講師との打ち合わせ、チラシの作成、セミナー当日の司会、アンケート集計を、担当する事業所で協力して担います。荷が重いようにも思えますが、年度初め、その年開催する12回のセミナーの分担を決めるときには、どの事業所も自発的に手を挙げるのだと澤登さんは言います。超高齢社会の日本で企業が生き残っていくには、4人に1人が高齢者であることを意識した事業運営が必要です。「みま〜も」のように、多くの高齢者、専門職、多種多様な企業や機関、行政等が関わっている組織に加わることは、協賛事業所がニーズの発掘や商品のアピール等をしていく上でメリットが大きいのです。

「得意分野を住民のために地域で発揮してもらう。それは、その企業が10年先、20年先も生き残っていくための

手がかりになるわけです。それに、セミナーの準備、運営は、参加している一人ひとりにとって、他の事業所、企業の人たちと知り合ういい機会です。職場以外の人とのつながりは、きっとその人にとっての財産になると思います」と澤登さんは言います。

　一方、地域包括支援センター入新井の職員にとっては、「みま～も」の活動は地域包括の本来業務とは別の独自事業です。本来業務に加えてこれだけの活動をするのは、かなり負担が大きいように思えます。

　「そんなことはありません。むしろネットワークが広がることで、本来業務は楽になっているんです。たとえば、年12回行う**介護予防教室**も、協賛事業所の協力を得て企画・運営しているので、かなり負担が軽減されています。**介護予防支援**のケアプラン作成も、協賛事業所が8割を受託してくれています」と澤登さん。

　地域包括の様々な業務に、「みま～も」のネットワークが生きているのです。

介護予防教室●地域の元気な高齢者を対象に地域包括支援センターが開催する。介護予防の運動、口腔ケア、栄養教室など、地域包括支援センターごとに様々な内容で開催されている。

介護予防支援●要介護認定で要支援1、2に認定された高齢者が、その人なりの自立した在宅生活を送れるよう行う、介護サービスの調整などの支援。原則として地域包括支援センター職員が担当するが、一部は外部の居宅介護支援事業所のケアマネジャーに委託可能。

KEY POINT ❸ 活動に愛着を感じさせる

▶「みま～も」の活動を通して住民に変化が

　「みま～も」が活動を始めて9年。「みま～も」とともに様々な経験を積んできた住民たちには、様々な変化が現れています。たとえば、前出の「手話ダンス講座」のメンバー。歌いながら歌詞を手話で表現し、足でステップを踏む手話ダンスは、複数の動作を同時に行うことが認知症予防になるといわれています。そのため、「みま～も」の協賛の施設やデイサービスなどから、ぜひレクリエーションとして手話ダンスをやってほしいと、メンバーは今や引っ張りだこになっています。

「みんな、最初は自分たちが頑張って覚えたダンスを見てほしい、という気持ちだけで引き受けていたかもしれません。でも、施設に行って手話ダンスを披露すると、車いすに乗っていたり認知症だったりする自分と同世代の人たちが、手をたたいて喜んでくれるわけです。自分がやったことでこんなに喜んでくれる人がいる。それなら、自分ができることをもっとやって、もっと喜んでもらいたいと思いますよね。それが次の活動につながっていくんです」と澤登さん。

前出の「ミマモリ食堂」で調理や接客を担うサポーターたちにも、やはり変化がありました。運営を始めて、そろそろ1年を迎えようかという頃。澤登さんは、調理や接客を担うサポーターたちが自分の役割に慣れてきて、この食堂の運営の目的を見失いつつあるように感じていました。

「食堂を切り盛りしていくことに夢中になって、それが目的になってきていたんですね。すっかりサポーターさんたちの笑顔が消えてしまっていました」と澤登さん。

そこで、運営をサポートしている澤登さんたち地域包括職員は、サポーターたちとじっくり話をすることにしました。「最近どう？」という問いかけから始まった話し合いでは、「来てくれた人たちと話をすることが少なくなった」「2人で来たお客さんが向かい合ってテーブルに座っていたら、そこにはなかなか入っていけない」「別々に来たお客さんは、別々のテーブルで食べるのが当然だけど、長テーブルで相席するような店もある」といった意見が、サポーターたちから語られました。

▶楽しさを人に伝えたいという住民の思い

「そうして意見を出し合っているうちに、今までは4人掛けのテーブルを壁際に配置していたけれど、それなら

2章—3 ●住民ぐるみの地域での支え合い
おおた高齢者見守りネットワーク・みま〜も

バラバラだったテーブルを長テーブルに並べ替えるアイデアは、地域包括職員がサポーターから引き出した

 テーブルをつなげて、真ん中に長く置こうということになったんです。テーブルの配置を変えるだけのことですが、話し合いの過程では、本来、私たちは何のためにこれをやっているのかな、という話が出てきました。テーブルの話のようで、実はそうではないんです」と澤登さんは言います。
 「ミマモリ食堂」は、ただ食事を出す場ではありません。家に閉じこもりがちの人に足を運んでもらい、地域住民であるサポーターや、店に来た他の住民と触れ合ってもらうことを目的とした場です。サポーターたちは話し合う中でその基本に立ち帰ることができました。それで、テーブルの配置を変え、長テーブルにすることで、来た人同士が自然に話をできる場をつくることになったのです。
 「食堂を始めたときには、こちらからサポーターさんにお願いして動いてもらうような感じもありました。それが1年たって、この食堂をどういうものにしたいか、サポーターさんたちも含めて一緒に考えていけるような関係性が生まれてきたのかなと思います」と澤登さん。
 最初はただの参加者だった住民が、継続して活動に参加するうちに、「みま〜も」の活動の目的を理解する。同時に、活動に参加すると楽しいという実感を持つ。そして、その

楽しさが続いていくと、自分たちだけが楽しい思いをしていていいのだろうかと考えるようになっていくのです。

「この楽しさを他の人にも伝えたい。自分に楽しさを感じさせてくれた『みま～も』のために、何か役に立ちたい。そんなふうに思ってくれるようになってきたんですね。人は、自分が手塩にかけたものほど、愛着を持って大切にすると思うんです」と澤登さんは言います。

▶活動の中で身につけたファシリテーション技術

9年間の活動を経て、変わっていった住民たち。しかし、変わったのは住民だけではありません。地域包括職員もまた、「みま～も」の活動によって変わってきました。

人を動かしていくには、何らかの働きかけが必要です。しかし、思い通りにコントロールしようとしてはうまくいきません。本人の自発性を引き出しながら、望ましい行動を促していく。あるいは、参加者のスムーズな協働をコーディネートしていくことが大切です。地域包括職員のそんな**ファシリテーション技術**が、年々、向上してきたと指摘するのは、「みま～も」の活動を初期の頃から研究している東京都健康長寿医療センター研究所の野中久美子さんです。

ファシリテーション技術●会議や研修などで、その場の目的に沿う参加者の言動や、参加者間の協働、共感等を引き出しながら、その場が最終目標に向かってスムーズに進行していくよう促す技術。

東京都健康長寿医療センター研究所の野中久美子さん

「たとえば会議の運営にしても、話の持っていき方などが年々、上達しているのを感じます。また、『みま～も』は"お客さんをつくらない"ことを大切にしていますが、住民や協賛事業所の方を見て、どこでどう声をかけて仲間に入れるか、どんなふうに背中を押してあげるか、それを見極めて実践するのがとても上手です。ネットワークづくりでは、それが一番大事ではないかと思います」と野中さんが言うと、必要に迫られて身についたのだと、澤登さんは笑います。

それだけ、「みま〜も」を支える地域包括職員は、「この人を何とかしたい」「この地域を何とかしたい」と、真剣に考える機会が多いということです。「ミマモリ食堂」での話し合いにしても、実は、事前に綿密なシミュレーションをしていたのだと、澤登さんは言います。

「うちの職員や野中さんと、『ミマモリ食堂』の目的を思い出してもらうには、どういう話から入ればサポーターさんが話しやすいかを、事前に話し合ったんです。その中で職員から、『この前、Aさんがこんな話をしていたから、Aさんに話を振れば、気づいてほしいことにつながる言葉が出るかもしれない』という話が出たんです」と澤登さん。

果たして、そんなふうにうまく話が進むだろうか。そう思いながら、話し合いに臨んだ澤登さんは、思惑通りに話が展開したことに驚きました。

「職員は、1年間、毎週1日、サポーターと一緒に食堂の運営をする中で、サポーター一人ひとりを実によく見ているんですね。どの人が何を感じ、考えているかを理解しているわけです。こんなファシリテーションが最初からできたわけではありません。いろいろな失敗があったけれど、その積み重ねの中でできるようになってきた。だから、専門職も地域の中で育てられているんです」と澤登さん。

住民も専門職も、「みま〜も」の活動に主体的に関わることで、活動に愛着を持つ。そして活動をより良くしようという思いの中で、住民も専門職も共に育ち合う。それが「みま〜も」の強みであり、成功の秘訣なのかもしれません。

その人らしい"暮らし"を誰もが続けていける地域を住民とともにつくる

鞆の浦・さくらホーム（広島県 福山市）

広島県福山市鞆の浦

- 瀬戸内海の中央に位置する港町で、文化財や歴史的な建造物の多い観光地。アニメ映画「崖の上のポニョ」の舞台として知られる。近年は、鉄工業などの主要産業の衰退、道路や下水道等の社会基盤整備の遅れなどから若者世代が流出。1960年代に約1万3000人だった人口が、2016年には約4200人と、50年間で約1/3にまで減少。高齢化率は46%を超え、空き家がふえるなど少子高齢化の問題に直面している。

2004年4月にグループホームとデイサービス、2006年に小規模多機能型居宅介護を開設。鞆地区の住民だけを対象とする「地域密着多機能ホーム」を名乗る。開設以来、介護が必要になった人もそれまで通りの暮らしを継続できるよう支援している。そのために、利用者が地域に受け入れられ、施設も地域に溶け込んでいけるような取り組みを重ねてきた。看取り件数も多く、鞆の町で暮らし続けたい人には、「最期はさくらホームで」との思いがある。

名 称	鞆の浦・さくらホーム
所 在 地	広島県福山市鞆町鞆552
設立年月	2004年4月
代 表 者	施設長　羽田冨美江（理学療法士）
従業員数	80名（2017年2月末現在）
事業内容	小規模多機能型居宅介護、認知症対応型共同生活介護、通所介護、居宅介護支援、放課後等デイサービス

2章―3 ● 住民ぐるみの地域での支え合い
鞆の浦・さくらホーム

○ 鞆の浦・さくらホームの
❶ 利用者と地域をつなぐ
❷ 外から人を呼び込む
❸ 内からのノーマライゼーション

KEY POINT ① 利用者と地域をつなぐ

▶ **開設12年で住民みなと顔見知りに**

　広島県福山市の港町、鞆町は、もともと隣近所とのつき合いが密で、地縁の息づいている町です。互いに助け合おうという意識もあります。しかし、「鞆の浦・さくらホーム（以下、さくらホーム）」が開設するまで、介護が必要になった人とどうつき合い、どう支えればいいのかに慣れていない人がほとんどでした。「さくらホーム」施設長の羽田冨美江さんは、脳梗塞で倒れた義父の在宅介護を通して、そのことに気づきます。そして、2004年、介護が必要な人と地域の住民をと結ぶ場として、「さくらホーム」を開設しました。**認知症グループホーム**と**デイサービス**でスタートし、2006年からは、この年に制度化された**小規模多機能型居宅介護**（以下、小規模多機能）も運営しています。

　開設当時は、まだ町なかの介護施設が珍しかった頃。「さくらホーム」は、すんなりと地域に受け入れられたわけではありません。周囲からは、たくさんの厳しい声も受けました。羽田さんはだからこそ、地域に理解してもらい、いい関係をつくっていくため、利用者と共に地域に出て行くことを心がけました。

認知症グループホーム ▶
P31 参照

デイサービス ● 在宅の要支援・要介護高齢者が、日中、自宅から通って数時間滞在して利用するサービス。機能訓練や食事、入浴、レクリエーション活動などが提供されるが、介護する家族の休息時間確保のために利用されることも多い。介護保険制度上の名称は通所介護。

小規模多機能型居宅介護 ▶
P31 参照

鞆の浦・さくらホーム施設長の
羽田冨美江さん

「さくらホーム」は、もとは江戸時代に建てられた歴史ある建物。お酢をつくる醸造所だった

「一緒に散歩をして、買い物をしていれば、ご利用者の顔見知りの地域の人たちが声をかけてくれます。その人たちと挨拶をして、自分たち職員も顔見知りになって。そうして職員がご利用者とどんどん外に出て、地域の人たちとつながることが大切です」と羽田さん。

施設と地域をつなぐには、利用者と地域、そして、職員と地域をしっかりつないでいくことだというのです。

「もう一つ大切なのは、そうやって地域の人と触れ合い

2章—3 ●住民ぐるみの地域での支え合い
鞆の浦・さくらホーム

ながら、その人の周囲の人たちとの関係性を探っていくことでしょうね。友だちの家に遊びに行くとか、来てもらうとか。誰とどんなつながりがあるかを見ていきます」

利用者の友だちを誘って、一緒に食事に行くこともあります。同級生に声をかけて、「さくらホーム」でミニ同窓会をしてもらうこともあります。

「行ったり来てもらったりしているうちに、その方の友達の顔を覚えるでしょう？　それでまた他のご利用者の関係性を探っていったら、その方の知り合いと重なっていたりします。そんなことを12年間続けてきたら、町の人たちのほとんどと顔見知りになりました」と、羽田さんは笑います。

▶変わらぬ環境が利用者を落ち着かせる

利用者と周囲の人たちとの関係性がわかってきたら、今度は、利用者と周囲の人たちとのいい関係を保っていくことに力を注ぎます。

今はグループホームに暮らすAさんは、歩いて15分ほどのところに自宅があります。子どもたちは遠方で暮らしていて、「さくらホーム」に入居するまでは、近所の住民に支えられて一人暮らしをしていました。しかし、Aさんの認知症が深まってくると、それまで支えてきた近所の住民に疲れが見えるようになってきました。道で会うと、1時間近く繰り返しの話が続く。**もの盗られ妄想**から、「あんたがうちのものを盗ったんだろう」と言いつのる。そんなAさんと近所の住民との関係が難しくなってきて、Aさんは「さくらホーム」に入居することになりました。

しかし、Aさんは入居してもすぐには落ち着けません。家に帰りたがり、夜は自宅に戻って眠る日が続きました。他のグループホームなら、"**帰宅願望**"といわれ、玄関に鍵をかけ、家に帰りたがるAさんを部屋に戻るよう説得

もの盗られ妄想●認知症を持つ人に表れることがある行動・心理症状の一つ。サイフや預金通帳などの大切なものをなくさないように片付けたものの、片付けたことも片付けた場所も思い出せないことから、誰かが盗っていったと考える。

帰宅願望●認知症を持つ人が、施設に入所した際などに、「家に帰りたい」と訴えることなどをいう。自宅にいても、「家に帰る」と言うこともあり、今いる場所が本人にとって居心地のいい場所でないときに表れがちな訴えだという指摘もある。これも、認知症を持つ人に表れることがある行動・心理症状の一つ。

「さくらホーム」の利用者たち。近くには利用者が"看板娘"を務める駄菓子屋も

していたかもしれない状況です。

「Aさんの部屋には仏壇を置いて布団を敷き、自宅と同じ雰囲気をつくって、少しでも居心地がいいようにと心がけていました。それでも、Aさんはやっぱり家に帰りたかったんです。そんなとき、うちでは無理に引き留めません。自宅に帰ってもらって、朝、うちのスタッフが迎えに行っていました」と、羽田さんは言います。

実は、Aさんの入居に当たり、羽田さんは近所の住民たちと話し合いをしていました。
　「Aさんは『さくらホーム』で暮らすことになったけれど、家はそのままにして、帰りたくなったら帰れるようにしておきたい、と伝えたんです。近所の方たちも、Aさんがすぐには『さくらホーム』で落ち着けないと思っていたんでしょう。いいよいいよ、家に戻ったら見てあげるから、と言ってくださって。ありがたいことです。それで、何かあったらいつでも連絡をください、とお願いしました」
　入居という形で、Aさんと距離を取れたことで、近所の住民に気持ちの余裕が生まれたのでしょう。このあと、住民たちはAさんが「さくらホーム」を抜け出し、家に帰ってくると、気持ちよく見守ってくれるようになったのです。
　今も、「さくらホーム」では廊下を行ったり来たりして、じっとしているのが難しいAさん。しかし、"自宅でのお泊まり"は、1週間ほどで終了。夜は「さくらホーム」で眠れるようになりました。町を歩けば知った顔があり、入居前と同じように会話を交わせます。行き慣れた店に買い物に行くこともできます。暮らす場所が変わっても、周囲との関係は変わらない。そのことが、Aさんの気持ちを落ち着かせていったのです。

▶夜中の呼び出しにも即対応で信頼を得る

　介護が必要になり、買い物が難しくなったとき。ヘルパーが利用者に代わって買い物をすることがよくあります。しかし「さくらホーム」では、買ったものをただ届けるのではなく、できるだけ利用者と一緒に買い物に行くようにしています。また、自宅で暮らす利用者が一人で買い物に行ったときのために、「さくらホーム」が、あらかじめよく行くお店にお願いをして回ることもあります。
　「お金を払わなかったときは、ツケにしておいてくださ

いとか。同じものを何度も買っていたら、それを教えてあげてくださいとか。それが難しかったら『さくらホーム』に連絡をください、と連絡先を渡してきます」と羽田さんは言います。地域の人たちを巻き込んで、その関係が切れないようにする。それが、利用者の"暮らし"を支えることだと考えているからです。

　地域との関係も含めた利用者の"暮らし"は、介護職だけの力では支えきれません。そこで「さくらホーム」では、利用者の近所の家には、最初に利用者の家族と一緒に挨拶に行くことにしています。

　「家での生活を支えたいので、よろしくお願いします、何かあったら、いつでも『さくらホーム』に電話をくれたらすぐ動きます、と伝えています」と羽田さん。

　呼び出されたときには、羽田さんをはじめ、鞆町で暮らすスタッフが、深夜や早朝であってもすぐに駆けつけます。

　「連絡をくれたとき、すぐ動かなくては信頼を失います。ご利用者を支えてくれる人たちをこちらが支えないと、ご利用者のために動いてはくれません。きちんと対応して、何かあったときの責任は『さくらホーム』が取るとわかってもらう。そうすれば安心して、普段は地域の人たちが見てくれるんです」

　"何かあったら「さくらホーム」"が浸透した今では、警察から電話がかかってくることもあると、羽田さんはいいます。

　「夜中、歩き回っている高齢者を見つけた人が、警察に連れて行くでしょう。そうすると警察は、これはさくらホームだと、連絡してくるんです（笑）。うちのご利用者ではないこともありますが、それでも対応します。家に帰れる人は送っていって、ちょっと心配な人はうちに泊まってもらう。それで、翌朝、その人のケアマネジャーや地域包括支援センターに連絡しています」

信頼を裏切らない対応。その積み重ねが、今の「さくらホーム」と地域との関係をつくっているのです。羽田さんは、こんな話も聞かせてくれました。
　「大きな台風が来たとき、床下浸水があったんです。そのとき、いろんな町内から何名かの高齢者がうちに避難しに来ました。うちを使っている人もいない人も、事前に連絡もなく、いきなり。それが本当にうれしかった。何かあったとき、ここに行けば何とかしてくれる。そう思ってもらえる存在になりたかったですから」

KEY POINT ❷ 外から人を呼び込む

▶7年で1000人の人口減に危機感

　鞆の浦では2015年夏、地域づくりのための塾、「鞆の浦まちづくり塾（以下、鞆塾）」が開催されました。対象は、地域づくりに関心のある人や、介護・福祉関連の仕事をしている人。7〜9月の3カ月、鞆の浦の再生した民家に滞在し、週6日の講義と実習を通して、鞆の浦の地域共生の町づくりを学ぶというものです。講座の内容は、地域福祉や防災教育、町づくりなどの著名な研究者による講義や、「さくらホーム」の職員による実践的な話、空き家になっていた民家の再生、鞆の浦のお祭りの準備から参加など。鞆塾開催を発案した羽田さんは、そのきっかけについてこう語ります。
　「あるとき、地域包括の方と話していたら、その方が赴任した7年前と比べて、鞆の町は人口が1000人も減っているというんです。このままだと、10年後はどうなってしまうんだろう、という話になりました」
　魅力的な町なのに、4軒に1軒は空き家。中には、10軒に1軒しか住んでいないところもあります。そのほとんど

「鞆の浦まちづくり塾」には、他県からも含め、延べ200人が参加。お祭りには準備から加わった

　が高齢者の一人暮らしです。どれだけ「さくらホーム」が安心できるケアを届けるといっても、これではハード的に安心できない。羽田さんはそう気づきました。
　「その10軒の中に1人でも住んでくれればなあ、若者をふやしたいなあって思ったんです。それで、鞆の魅力を伝えたら、移住したいという人が出てくるのではないかと考えました」

▶鞆塾卒業生の5人が移住してきた

　3カ月間の講座の参加者は、多いときには50人。広島市内や岡山、京都からの参加者もいました。延べ参加者数は200人を超え、中には、3カ月間を通して参加した人もいます。その中から、5人が鞆の浦に移住。うち4人が「さくらホーム」に就職しました。みな、空き家になっていた家を住めるように再生して暮らしています。

　「うちに勤めることが決まった20代後半の男性が移住してくるとき、一緒に近所に挨拶に行ったんです。空き家を挟んだ数軒隣に、足が悪くてあまり歩けない90歳代の女性が住んでいました。この方が、地震が来たらどうやって逃げようかと思っていた、と言うと、その男性が『僕が担ぎます』って言ってくれて。女性が、それはもう、ものすごく喜んでいました」と羽田さん。

　病院に勤務する作業療法士だったこの男性は、自分のやりたいことを「さくらホーム」がやっていたからと、病院を辞めて「さくらホーム」に来ました。そのほかにも、大学で都市経営を学び、鞆の浦の防災を卒論のテーマにしたことから鞆塾に参加。介護は全く未経験ながら、どうしても「さくらホーム」働きたいと、入職した男性もいます。そんなにも人を惹きつける「さくらホーム」の魅力は、どこにあると、羽田さんは考えているのでしょうか。

　「暮らしをちゃんと見ているからじゃないかな。"生活"を支えるというより、"暮らし"を支える、ということです」

　食事や運動、入浴、排泄など、目に見える営みが"生活"。これに対して、周囲の人と触れ合い、笑ったり泣いたり、助けたり助けられたり。そんな人とのつながりを含めた丸ごとが"暮らし"だと、羽田さんは言います。介護が必要になり、ぷつりと断ち切られがちな、その人らしい"暮らし"。それを、「さくらホーム」は、それまで通りつな

でいこうとしているのです。

「私たちはそれを職員だけでやろうとは思っていません。自分たちだけでは限界がありますし、職員も息が苦しくなります。だから、地域の人にアプローチして、力を借りながら支えていこうとしているのです」と羽田さん。

"暮らし"を全力で支えるけれど、独力で支えるわけではない。そんな「さくらホーム」の自然体が、多くの人を惹きつけるのかもしれません。

KEY POINT ❸ 内からのノーマライゼーション

▶「来るものは拒まず」の職員採用

利用者とも地域住民とも深く関わり、支え合える関係をつくる「さくらホーム」。職員にも、対応力、懐の深さが求められます。しかしだからといって、「さくらホーム」では職員に特別な採用基準は設けていません。欠員があれば、誰でも職員として受け入れています。

「精神障害や身体障害がある人も、普通に採用しています。来る人は拒まず、去る人は追わず、です」と羽田さん。以前は、統合失調症を持つ職員もいました。

「その職員は、疲れると調子が悪くなってしまうんです。トイレばかり行くようになって、お風呂の介助をしていても、途中でできなくなる。そうすると、回りがカバーしなくてはなりません。病気による妄想が募って、外部機関を巻き込んだトラブルになったことも何度かありました」と羽田さんは振り返ります。

他の職員からは、採用を決めたときから不安を訴える声があり、度重なるトラブルに不満が噴出しました。しかしそのときも、"来るものは拒まず"という羽田さんの方針にブレはありませんでした。

ノーマライゼーション●障害を持つ人も、認知症の人も、健常な人も、みなが当たり前のように一緒に暮らしていける社会をつくろうという考え方。

統合失調症●精神疾患の一つ。考えや行動、感情を自分の中でまとめ上げる脳の機能が低下する病気。考えや行動にまとまりがなくなるため、周囲から見ると言動が奇異に見える。症状としては、幻覚や妄想などが表れることが多い。

妄想●誤った確信。訂正することができない非合理的な考え。統合失調症でよく現れる症状の一つ。

2章—3 ●住民ぐるみの地域での支え合い
鞆の浦・さくらホーム

「他の職員には、その人を辞めさせる気はない、とはっきり伝えました。回りが覚悟を決めて変わらないと、どうしようもないよって。もし辞めてもらうなら、私はどこでも働ける人に辞めてもらう。この人はうちでないと働けないでしょう？ みんなじゃないと支えられないでしょう？って。そう伝えると、そこから職員たちは変わっていきました」

羽田さんに、職員に対する強い信頼があるからこそ出てくる言葉です。統合失調症の職員は、5年間勤め、**介護福祉士**の資格を取得し、その後、退職しました。

「退職することになったとき、職員の中からはもっと続けられないのかという声も上がりました。そう言える職員もいれば、辞めてホッとした職員もいたと思います」と、羽田さんは言います。職員にとっては負担の大きい、難しい対応だったことは想像できます。それでも、なぜ誰でも受け入れるのか。その問いに、羽田さんは「それが普通だから」と、即座に答えました。

「地域には、いろいろな人がいるのが普通です。それを自分たちが普通に受け入れることができないのに、地域が誰でも受け入れられるようになると思いますか。自分たちが、認知症や精神障害を持つ人も受け入れる町にしようと言っておきながら、うちの施設は優秀な人だけでやっていますって言えますか。仕事ができる人だけを集めていては、地域の人の意識は変わらないでしょう？ まずうちの職員が、誰であっても受け入れられるようにならないと」

こちらの問いに、なぜそんな当然のことを聞くのかと、驚いたように答えた羽田さん。この揺らぐことのない肚の底からの信念が、鞆の浦の**地域共生**をここまで進めてきたのです。

介護福祉士●介護に関する国家資格。介護が必要な高齢者や障害者に対して、日常生活がスムーズに送れるよう支援したり、介護の相談に乗ったりする専門職。

地域共生●障害者、高齢者、子育て世代など、生活していく上で支援を必要としている人たちを含め、地域で共に暮らしている住民同士が互いに支え合っていくこと。

介護予防の"最上流"である食支援に取り組み専門職がプロの仕事で結果を出す

新宿食支援研究会（東京都 新宿区）

東京都新宿区

東京都庁を抱える東京の副都心。都内西部に位置し、23の特別区の一つである。早稲田大学などの大学や学校、慶應義塾大学病院などの大病院も多い。新宿駅周辺の繁華街のイメージが強く、若者の街と思われがちだが、2017年1月現在、高齢化率は19.8%。約34万人の人口の1/5は高齢者である。都営戸山ハイツなど高度成長期に開発された団地では、局所的に高齢化が進んでいる地域もある。また、人口の1割が外国人という多国籍の町でもある。

新宿区在勤の医療、介護の様々な専門職で形成されている任意団体。新宿区を「最期まで口から食べられる街」にするべく、食支援が必要な人を見つけ出し、対処できる専門職につなぎ、任された専門職が食支援の結果を出す活動を行っている。2015年からは食支援を社会に広める活動も開始した。参加メンバーによるワーキンググループの活動も盛んに行われ、それがメンバーのスキルアップと新宿区全体の食支援のレベルアップにつながっている。

名　称	新宿食支援研究会（新食研）
所在地	事務局／東京都新宿区北新宿4-30-23（ふれあい歯科ごとう内）
設立年月	2009年7月
代表者	代表　五島朋幸
会員数	126人（2017年2月末現在）
ワーキンググループ	全20グループ（2017年2月末現在）ホームヘルパーWG、SSK-O（エスエスコ）、連携創造WG「コラクリ」、地域食支援グループ「ハッピーリーブス」、食姿勢実践チーム「ファンタジスタ！」、食支援用具開発WG「コンセプト」、デイサービス活性化グループ「食べる☆デイ！」、栄養士地域連携グループ「エイヨ新宿♡」、セラピストチーム「せらぴ新宿」、すなっく(^o^)、食支援マイスターWG、SDPs（ソデプス）、グルジアの会、夜の理科室「コンセプトプラス」、呂辞句（ろじく）、URUZO！、新宿食支援総合相談センター（通称4Sセンター）設立WG、聖闘士ターン！、最期まで口から食べることを支える会（SKTS）、チームオレンジ☆
取り組み内容	食支援が必要な人を「見つける」、適切な人に「つなぐ」、専門職が食支援の「結果を出す」、食支援を社会に「広める」

2章—4 ●住民を巻き込んでいく専門職のコラボレーション
新宿食支援研究会

新宿食支援研究会の KEY POINT

❶ 明確な目標の設定と共有
❷ 実践できる人をふやす取り組み
❸ 現在位置にとどまらない前進

KEY POINT 1　明確な目標の設定と共有

▶寝たきり高齢者の入れ歯は"水中花"

　歯科医である五島朋幸さんが、1997年に訪問歯科診療を始めたのは、在宅医療に取り組む内科医に同行し、寝たきりの高齢者の歯の実態を見たのがきっかけでした。枕元には水を張ったコップが置かれ、入れ歯が"水中花"のように漂っています。寝たきりの高齢者の多くは、入れ歯をはずされていたのです。入れ歯は、はずしている時間が長くなると次第に合わなくなります。合わなくなった入れ歯は、寝たきりなのだからもういらないだろうと放置され、高齢者は口から食べる機能を徐々に失っていきます。そして、胃ろうや点滴を経て、口から食べられないまま人生を終えていました。

　「失った歯の機能を入れ歯などで補う『補綴(ほてつ)』の仕事をしていましたから、寝たきり高齢者のこうした実態は衝撃でした」と五島さんは言います。

　訪問歯科診療で、入れ歯をつくり、口腔ケアをし、摂食嚥下のリハビリをする。五島さんは、それから10年以上、そうして在宅で口から食べることを支える取り組みを続けました。そして次第に、口から食べられない高齢者が地域に多数いる現状を変えていくには、歯科医の力だけではどう

> 水中花●水の中に入れて飾る造花のこと。水を吸うと広がり、本物の花のように水中に浮かぶ。
>
> 胃ろう●口から食べるのが難しくなったときの人工的な栄養補給の方法。体表から胃につながる小さな穴を開け、そこから管を挿入して人工栄養を注入する。
>
> 摂食嚥下●食べ物を見て、認識して、口に入れ、咀嚼して、舌やほほの筋肉を使いながら口の中で飲み込みやすい形にまとめ、唾液と共に飲み込んで、食べ物が胃に届くまでの過程をいう。

新宿食支援研究会の発起人である歯科医師の五島朋幸さん

129

にもならないと感じるようになりました。

「それである夜、思い立って、勉強会や趣味のランニングで親交があった介護や医療の専門職20人ぐらいに、『一緒に新宿で食支援をやってみないか』と一斉メールを送ったんです。すると、その日のうちに7割ぐらいから『是非やろう』と返信がありました」と五島さん。

もともと新宿区は、医療、介護の専門職の意識が高く、職種ごとの連携が十分とれている地域でした。しかし、専門職同士の横の連携が少なかったのです。それが、五島さんが気心の知れた専門職仲間に声をかけたことで、職種間を横串で指すつながりが生まれます。2009年7月、これが新宿食支援研究会、通称「新食研」の始まりでした。

▶段階を踏んで機能する組織に育てる

五島さんが大切にしたのは、立ち上げた新食研を、いかにして"結果を出す"メンバーの集まりにしていくかということでした。

「ただ組織や仕組みをつくるだけで、問題が解決されることはありません。誰かがリーダーシップを取って方向性を決め、しっかりしたメンバーと一緒に組織を機能するよう育てていく必要があります」と五島さん。

新食研では、まず定期的に勉強会を開き、メンバー間のつながりを深めていくことにしました。最初は外部講師を招いて、新宿区外の人も誰でも参加できる勉強会です。これが第一段階。それを1年ほど続けて、新宿区内の専門職が定期的に参加するようになってきたところで、新宿区内在勤者が優先的に参加できるよう、区外の参加者数に枠を設けました。これが第二段階です。数年、これを続けるうちに、勉強会は新宿区内の専門職が集い、ともに学ぶ場となっていきました。

「そこで、今度は講師役も区内の専門職が務める仕組み

2章—4 ●住民を巻き込んでいく専門職のコラボレーション
新宿食支援研究会

新宿区在勤の専門職を中心に、他の地域からの参加者も多い新食研の勉強会は、月1回開催されている

に変えていったんです。新宿区の専門職が、自分が現場で実践した食支援の成果を持ち寄って発表し、新宿区の他の専門職たちに伝えていく。段階を踏んで、そんな場をつくり上げました」と五島さん。

　今も月1回開催する勉強会には、毎回、**ケアマネジャー**や**デイサービス**職員、**ホームヘルパー**、**管理栄養士**、**歯科衛生士**、**理学療法士**、**言語聴覚士**、**福祉用具専門相談員**、医師など、様々な専門職約70人が参加します。終了後には懇親会も開かれ、新たなつながりづくりや情報交換の場として機能しています。

　また五島さんは当初から、新食研のメンバーによるワーキンググループづくりも進めました。まず取り組んだのは、「食支援とは何か」について考えるワーキンググループの活動です。食支援の対象はだれか。何を目的とするのか。どのように支援を進めるのか。それを明確化しないと、活動の方向性が定まらないと考えたからです。そして、新食研として、実践していく食支援を次のように定義づけました。

　「本人・家族の口から食べたいという希望がある、もし

ケアマネジャー ▶ P67 参照

デイサービス ▶ P117 参照

ホームヘルパー ●訪問介護員。在宅の高齢者の家を訪問し、食事の支度や清掃、洗濯などの生活援助、入浴や排泄、食事の介助などの身体介護を提供する、在宅介護の専門職。

管理栄養士 ●栄養に関する知識に基づき、目的に応じた食事の献立を考え、栄養の管理、栄養に関する指導する栄養に関する専門職。病院や施設、学校、企業等の給食に関わるほか、最近は在宅療養者への栄養指導を行う在宅訪問管理栄養士も少しずつふえている。

歯科衛生士 ●歯石の除去などの予防処置、歯科医師の診療の補助、歯や歯茎等を健康に保つための食事の取り方や歯の磨き方などの指導を行う。口の中を健康に保つ予防歯科を担う専門職。

理学療法士 ▶ P67 参照

言語聴覚士 ▶ P67 参照

福祉用具専門相談員 ●購入またはレンタルする介護用品等についての情報提供、適した用具の選定や調整、利用計画の立案、使用状況の確認などを行う専門職。

131

■新食研のワーキンググループ（一部）

グループ名	目的	役割
ホームヘルパーWG	新宿区内のホームヘルパー、デイサービス職員を対象にした研修会を開催。新宿の「見つける」「つなぐ」、そして研修の上級編では「結果を出す」人材づくりをする	見つける つなぐ 結果を出す
SSK-O（エスエスコ）	機能に応じた食形態を判別できる簡易表を開発。ケアマネジャー、ホームヘルパーにその使用法を解説することで機能と食形態の理解を深める	見つける
連携創造WG「コラクリ」	町内会、民生委員、地域包括、老人会、ケアカフェなど地域で活躍する個人、団体と懇親を深め、食支援を地域に広める連携づくりを進める	つなぐ
地域食支援グループ「ハッピーリーブス」	食べられる口づくりをする歯科衛生士、献立についての相談対応や栄養管理を行う管理栄養士、食事姿勢を整える理学療法士から成るグループ。医科歯科介護連携の橋渡しも行う	つなぐ 結果を出す
食姿勢実践チーム「ファンタジスタ！」	理学療法士と福祉用具専門相談員のコンビで姿勢調整と福祉用具の調整を行い、食姿勢をつくる	結果を出す
食支援用具開発WG「コンセプト」	福祉用具専門相談員、理学療法士、歯科医師、管理栄養士、さらには福祉用具メーカーが集い、食事姿勢を整えられる食支援用具開発を行う	結果を出す
デイサービス活性化グループ「食べる☆デイ！」	デイサービスで摂食機能、栄養、体力を評価する「食べるデイテスト」を継続的に行い、食に関して問題のある人を見つけ、機能の維持向上を目指す	見つける つなぐ 結果を出す
栄養士地域連携グループ「エイヨ新宿♡」	新宿区内の病院、施設、そして在宅の管理栄養士が集い、生活に基づいた栄養指導をするためのツールを作成している	結果を出す
セラピストチーム「せらぴ新宿」	食事姿勢ををどう直し、どのようなトレーニングをすればよリ良くなるか。介護職や介護者でも食事姿勢を簡単に評価できるツールづくりをしている	つなぐ 結果を出す
すなっく(^o^)	食事の質を高上、バリエーションを増やすことを目的に、業種間で料理対決を行う。そこで出たアイデアを現場に取り入れていけるよう、工夫のノウハウを公開している	結果を出す 広める

くは身体的に栄養ケアの必要がある人に対し、適切な栄養管理、経口摂取の維持、食を楽しんでもらうことを目的としてリスクマネジメントの視点を持ち、適切な支援を行うこと」

そして、"最期まで口から食べられる街、新宿"をつくろうと、新食研としての目標を共有したのです。

2章—4 ●住民を巻き込んでいく専門職のコラボレーション
新宿食支援研究会

▶結果を出せなければ連携の意味はない

　一般に食支援というと、対象は誤嚥性肺炎を繰り返すような重い摂食嚥下障害のある人になりがちです。支援も、医療職を中心に摂食嚥下の評価をし、リハビリを行って食べられるようにするというイメージです。しかし、新食研が考える食支援は対象も目的も違います。

　「僕らは、普通に街を歩いている人たちにも食支援が必要な人はいると考えています。体重がどんどん減っているとか、食べにくいものが出てきたら残してしまうとか。これは低栄養や摂食嚥下障害など、食の変化の始まりです。そうした人たちをいかに見つけ出し、早い段階で支援していくかが大切です。もっといえば、口から食べることの大切さを住民にどう意識づけしていくか。専門職が一方的に情報発信するのではなく、住民と一緒になって地域全体の食への意識を変えなければ"最期まで口から食べられる街"をつくることはできません」と五島さん。

　前述のワーキンググループの結成を進めていったのも、各グループの具体的な行動で、地域を変えるほどの"結果を出す"食支援をしていくためです。食支援の定義を考えたのは、新食研の活動を社会に広めるために言葉を整理していくワーキンググループ「呂辞句(ろじく)」。このほか、2017年2月末現在で、全20のワーキンググループが活動しています。職種ごと、職種横断、サービス種別ごとなど、グループのメンバー構成は様々。前述の月1回の勉強会は、今では、ワーキンググループが交替で活動内容やその成果を発表する場となっています。

　「多職種連携の必要性がよくいわれますが、顔が見える関係をつくり、情報共有しているからといって、それで連携できているといえるでしょうか。食支援のニーズがある人を見つける。見つけた人がそのニーズを解決でき

誤嚥性肺炎 ▶ P48 参照

摂食嚥下障害●口から食べる機能に起きている障害。目で見て食べ物だと認識する力、かむ力、口の中で食べ物を食べやすい形にまとめる力、かんだ食べ物を飲み込む力のうち、どれか1つでも能力が低下すると障害が起きてくる。

低栄養●体をつくるタンパク質や摂取エネルギー量が不足して、健康を損なうおそれがある状態。高齢者は、食べる量が減ったり、炭水化物に偏った食べ方をしたりすることで低栄養になりやすい。

るプロは誰かを知っていて、きちんとそのプロにつなげる。そして、バトンを渡されたプロが、しっかり結果を出す。これで初めて連携が取れているといえます。結果を出せなければ、連携の意味がないでしょう？」と五島さん。もっともな指摘です。

「見つける」「つなげる」「結果を出す」、そして、食支援を社会に「広める」。新食研では、この4つを実践することを目的に、介護や医療の専門職同士が「腕（スキル）と腹（マインド）の見える関係」をつくっているのです。

KEY POINT ② 実践できる人をふやす取り組み

▶「食べ方がおかしい」と気づいてもらうために

一方で、五島さんは、地域での食支援においては、専門職だけが知識、技術を身につけていくのでは、限界があるとも指摘しています。約34万人の新宿区民を、専門職だけで見守り、食支援が必要な人を見つけ出すのは不可能だからです。

「今まで20分で食べていたのに、1時間かかっても食べ終わらない。そんなとき、『何か食べ方がおかしい』と気づいてくれる人をふやしたいんです。そこで気づいてもらえないと、食の変化の始まりが見過ごされてしまいます。そばにいる人が気づけること、そして、気づいた人が相談できる専門職がいることが大切です」と五島さんは言います。

要支援や要介護以前の人にも、低栄養や低栄養予備軍の人はたくさんいます。新食研では、こうしたリスクのある人たちを見つける"目"をふやす=「広める」活動にも取り組んでいます。その一つが、ホームヘルパーを対象にした食に対する意識を高める研修です。この研修で

2章—4 ●住民を巻き込んでいく専門職のコラボレーション
新宿食支援研究会

は、口腔機能、口腔ケア、食べやすい食形態、安全な食事介助の方法などを、歯科衛生士、管理栄養士などが説明します。

「高齢者に頻回に接する機会があるホームヘルパーが、食の変化に気づく目を持ってくれたら、支援が必要な人を早い段階で見つけることができます。それに、登録ヘルパーの多くは地域の住民です。ホームヘルパーの食支援の意識が上がれば、地域の意識が上がり、"見つける"目を増やすことにもつながります」と五島さん。

ヘルパー対象の研修に加え、新食研では様々な人を対象とした「食支援サポーター養成講座」も行っています。今は介護職など専門職が中心ですが、今後は地域住民の受講をふやしていこうとしています。地域包括支援センターや老人会、民生委員、ケアカフェ。連携を生み出すワーキンググループ「コラクリ（コラボレーションクリエイト）」が、今、こうした人たちとの親交を深め、食支援を地域に広げていこうとしているのです。

また、新食研では、食べられなくなった人を見つけたとき、どこに問題があって食べられないのかを、ヘルパーやケアマネジャー、デイサービス職員でも簡単に判定で

口腔機能●口の働きのこと。食べる、話す、呼吸する、感情を表現するなどの機能がある。食べるときに使う口の機能としては、かむ、すりつぶす、飲み込む、味わうなどがある。

口腔ケア●口の手入れのこと。歯や歯茎などについている汚れを取り除くだけでなく、ほおの筋肉や舌がうまく動くようにリハビリテーションを行って、口の機能を維持、向上させることも大切な口腔ケアだ。

食形態●食事の形態。主に、常食（普通食）、ソフト食（常食よりより柔らかいおかずやおかゆ）、刻み食（かむ力が衰えた人のための細かく刻んだ食事）、ミキサー食（かまずに食べられる、ペースト状の食事）の4つの形態がある。

食支援に携わっている専門職による「食支援サポーター養成講座」。2コマ受講すると、青いサポーターリングがもらえる

135

■ 食事形態の難易度（ピラミッドモデル）

- Ⅰ ペーストゼリー ● ペースト、ゼリー形態が望ましい
- 全粥・軟菜
  - Ⅱ トロミあり
  - Ⅲ トロミなし
  ● 全粥、軟菜形態が望ましい（ペースト、ゼリーでも可）
  ● トロミ付与は、飲料、汁物とする
- 常食 ● すべての形態に対応できる

咀嚼機能●口の中で食べ物を噛み砕く機能。

嚥下機能●口の中のものを飲み下す機能。

きるツールも作成しています。咀嚼機能（口の問題）か嚥下機能（のどの問題）かを判定する「SSK-O 判定表」と、「食事形態の難易度（ピラミッドモデル）」です。

■ SSK-O 判定表

		のど	
		悪い	良い
口	悪い	Ⅰ	Ⅲ
	良い	Ⅱ	常食

「SSK-O 判定表」では、「口がよい・悪い」「のどがよい・悪い」という4つの判断基準の組み合わせで機能を判定します。それを「食事形態の難易度」に当てはめれば、機能に応じた食形態がわかるのです。

「この指標は、正確な診断や診査を行うものではありません。しかし、介護職や地域の住民に、咀嚼と嚥下の違いや、それぞれの機能の低下がある場合にどのような食

形態が望ましいかを理解してもらいやすいツールだと考えています」と、五島さんは語ってくれました。

▶デイサービスで摂食嚥下機能を評価

ヘルパー同様、要介護の高齢者と頻回に接する機会があるのが、デイサービス職員です。しかしデイサービスではこれまで、血圧や体重を測定しても、当日の記録を残すだけで経時的な変化を見ることがあまりありませんでした。また、食事の摂取量も記録しますが、主食何割、副食何割という記述で、摂取した栄養量の記録ではありません。食べなかったものが、好き嫌いなのか、嚙めなかった（咀嚼）のか、飲み込めなかった（嚥下）の把握も十分ではありませんでした。

そこで、新食研のデイサービス職員たちは、はデイサービス活性化のワーキンググループ「食べる☆デイ!!」を結成。食支援が必要な人の早期発見に取り組むことにしま

■食べる☆デイ!!テスト

		内容	評価
摂食嚥下機能	咀嚼テスト	サラダせんべいを飲み込むまでの咀嚼回数	正常＝35回未満
	嚥下テスト	30ccの水を口に含み、一気に飲み干す	正常＝一気に飲み干してむせない
栄養状態	MNA-SF	高齢者の栄養状態をスクリーニングする簡易栄養状態評価表を使用	栄養状態良好＝12ポイント以上 低栄養の恐れ＝8-11ポイント 低栄養＝7ポイント以下
体力測定	握力	握力計を使って左右の握力を測定	
	立ち上がり	いすからの立ち上がり	①つかまらずに立ち上がれる ②何かにつかまれば立ち上がれる ③介助が必要
	5m歩行	5m歩く速度の測定	
	片足立ち	片足立ち5秒間	①つかまらずにできる ②何かにつかまればできる ③できない

■「食べる☆デイ!!テスト」によるクラス分け対応

健常群	現状維持
要観察群	現状維持し、体力や栄養状態が低下しないよう配慮する
要注意群	家族と情報共有し、必要であれば医療職（管理栄養士等）にも介入してもらう
注意群	医療職と情報共有し、日頃の体調管理を行う

した。その方法は、独自に開発した「食べる☆デイ!!テスト」です。これは、咀嚼機能、栄養状態、体力を継続的に測定し、変化に気づけるようにしようというものです。

「このテストを使って、デイの職員が利用者を健常群、要観察群、要注意群、注意群に分類し、注意群を医療職につないでくれるようになりました。それで医師から、**栄養補助食品**を摂取するようにという栄養処方が出ることがふえましたね。そもそも、デイの職員が、食べられないのは咀嚼か嚥下かを見る意識を持ったこと自体が大きな変化であり、成果だと考えています」と五島さんは言います。

入浴やレクリエーションなど、滞在や気分転換、家族の**レスパイト**が目的となりがちだったデイサービス。しかし、新食研に参加する8カ所のデイサービスは、摂食嚥下機能の維持改善という、在宅生活の維持延長に貢献する機能を持つようになりました。さらには、栄養面での支援だけでなく、体力測定の結果、体力が落ちてきているとわかった人には、体力を向上させる体操を提供する案も出ています。

「今後、テストのデータが蓄積していけば、もっと精度の高い支援ができるようになっていくはずです」と五島さんは期待します。デイサービスが果たす機能は、新宿から変わっていくかもしれません。

栄養補助食品●食事だけでは十分に摂取できない栄養分を補う食品を総称したもの。固形物だけでなく、ジュース状、ヨーグルト状など様々な形状のものがある。

レスパイト●休息、息抜きなどの意味。介護等で疲れた介護者の休息を確保し、負担を軽減することを指す。

2章—4 ●住民を巻き込んでいく専門職のコラボレーション
新宿食支援研究会

KEY POINT ③ 現在位置にとどまらない前進

▶ "結果を出す" 実働部隊が活躍中

　新食研には、2017年2月現在、126名、約20職種の専門職が参加しています。在宅の高齢者に接する機会が多いケアマネジャーやヘルパーが、食支援の必要な高齢者の存在に気づくと、この20職種の専門職の支援につないでいきます。そして、専門職が食支援の"結果を出す"のです。

　新食研のワーキンググループの中で、"結果を出す"実働部隊として最初に結成されたのが歯科衛生士、管理栄養士、理学療法士の地域食支援グループ「ハッピーリーブス」です。全員がフリーランスの立場で、医師や歯科医師と契約し、介護保険の「居宅療養管理指導」として支援が必要な高齢者を訪問します。歯科衛生士が口腔環境を整えて食べる機能を回復させ、管理栄養士が栄養の評価と管理、適した食形態の選択をし、理学療法士が食べる姿勢を整えます。

　「3職種が連携しながら支援に当たる体制ができたことで、退院する患者の在宅での受け入れがスムーズになりましたね。また、在宅医の指示のもとで動く管理栄養士と歯科医師の指示で動く歯科衛生士が同じグループにいることで、医師と歯科医師の連携も取りやすくなりました」と五島さんは高く評価しています。

　「ハッピーリーブス」の結成は、在宅での支援を志向してもなかなかその場がなかった管理栄養士や歯科衛生士にとって、活動の場が広がるという成果もありました。

　"結果を出す"実働部隊としては、他にも、理学療法士と福祉用具専門相談員のペアで動くワーキンググループがあります。食姿勢実践チーム「ファンタジスタ！」です。

居宅療養管理指導●医師や薬剤師、歯科医師、看護師、管理栄養士、歯科衛生士などが、在宅で療養中の人を訪問して行う、療養上の指導、助言のこと。介護保険制度によって提供される。

食事が食べられなくなったとき、その原因は咀嚼や嚥下の機能低下だけではなく、姿勢や道具などの場合もあります。「ファンタジスタ！」は、理学療法士が食事の時の姿勢やイスの高さなどを評価し、福祉用具専門相談員が道具や環境の整備による問題解決の方法を考えるのです。

　たとえば、車いすが合っていないために身体の緊張が強い人。背もたれの張りの強さを調整したり、折りたたんだバスタオルを背中や脇にあててもたれやすくしたりして、緊張を和らげます。足が浮いているために踏ん張れず、飲み込む力が弱くなっている人は、<u>フットレスト</u>の高さを調整します。福祉用具専門相談員によるこうした道具の調整で、食べられるようになるケースは少なくありません。

　「『ファンタジスタ！』の福祉用具専門相談員は、そうした調整を、その場で考え、その場にあるものを使ってやってのけます。これこそ、"結果を出す"専門性の高いプロの仕事です」と五島さんは誇らしげに語ります。

▶制度に乗らない活動も報酬が得られる仕組みを

　こうした新食研の専門職による食支援の実践に、現状ではすべてに報酬が支払われているわけではありません。たとえば、「ハッピーリーブス」の管理栄養士の<u>訪問栄養指導</u>。これは、「居宅療養管理指導」を算定している医師の指示書がなくては介護報酬を算定できません。しかし、それを理解している医師はまだ多くないのです。

　「指示書が出ないために、ボランティアで支援に入ることもあれば、支援に入れないこともあります。支援に入れないから、訪問栄養指導の実績をつくれない。実績がつくれないから、管理栄養士への訪問栄養指導のニーズがふえない。そんな悪循環に陥っているんです」と、五島さんは嘆きます。

フットレスト●車いすに座ったとき足を載せる台のこと。

訪問栄養指導●管理栄養士が在宅で療養している人を定期的に訪問し、栄養や食事の管理、指導を行うこと。医師が訪問栄養指導の必要があると判断した際に介護保険、あるいは公的医療保険によって提供される。

2章—4 ●住民を巻き込んでいく専門職のコラボレーション
新宿食支援研究会

　また、「ファンタジスタ！」の福祉用具専門相談員は、車いすの調整で食事を食べられるようにしても、その調整作業自体に報酬は支払われません。訪問リハビリとして介護報酬が得られる理学療法士にしても、姿勢を評価するための1回だけの訪問に報酬の設定はありません。こうした状況を打破するため、五島さんはいま、新食研の専門職による食支援を有料で提供する仕組みづくりを検討しています。

　「制度による制約が多いんですよね。だから、新食研のメンバーをタレントとして、1回の訪問でアドバイザーとしての報酬を得られる仕組みをつくれないかと考えています。誰がどんなことができるかをまとめた『タレント名鑑』のようなものをつくって、指名で相談を受けて相談料をもらうんです。1，2年のうちに実現したいですね」と五島さん。また、地域包括支援センターなどが、食支援について気軽に相談できる先として、「新宿食支援総合相談センター」も近々、スタートさせる予定だといいます。

　「生活と密着している"食"は、健常な人から要介護の人まで、年齢にかかわらず幅広く関係するものです。"食"は横のつながりをつくりやすいツールでもあり、新宿での活動の幅は広がってきています。しかしそれでも、子どもや障害者への食支援はまだ手つかずです。全国的にみても、食支援についての理解は進んでいません。まだまだゴールは遠いんです」と五島さんは言います。

　"食支援"という言葉を誰もが知っていること。そして、食で困ったときに相談する先がわかっていること。それが一つのゴールだと考えている、という五島さん。その日が来るまで、五島さんと新食研は次々と新しい活動を生み出しながら、走り続けることになりそうです。

地域包括支援センター▶P75 参照

新宿食支援総合相談センター●新食研に所属する専門職による、食に関する総合相談センターというイメージ。2017年2月現在、誰からのどんな相談に、主にどのメンバーで対応するのか、などについての検討を進めている。

医療崩壊の危機感が地域医療を再生させて住民を巻き込み地域を活性化した

南砺の地域医療を守り育てる会（富山県 南砺市）

富山県南砺市

2004年に4町4村の合併により誕生した市。富山県の南西部に位置し、面積の約8割が白山国立公園等を含む森林に覆われた自然豊かな地域である。市西部は多くが山間部だが、市北部の平野部には広大な水田地帯の中に民家が散らばる「散居村」の風景が広がる。世界遺産の「白川郷・五箇山合掌造り集落」でも知られている。1950年には8万人を超えていた人口は、2016年には5万3000人弱に減少し、少子高齢化が進行している。

地域医療に地道に取り組んできた医師。地域医療を担う人材育成に着手した大学病院医師。在宅療養する住民を訪問看護で支えてきた看護師。それぞれが、市町村合併後に起きた南砺市の医療崩壊を防ごうと協働。住民も巻き込んだ地域医療の再生、そして地域活性化の講座を開講する。そしてさらに、講座のOB・OGによる、継続的な活動グループが結成された。それが「南砺の地域医療を守り育てる会」。ここで紹介しているのは、講座の開講から現在に至るまで中心となって活動しているメンバーである。

名　　称	南砺の医療を守り育てる会
発　足 年　月	2009年12月
会　長	山城清二（富山大学附属病院総合診療部教授）
会員数	349名（2017年2月末現在）
活動 グループ	なんと住民マイスターの会、五箇山グループ、医師グループ、訪問看護師グループ
活動 内容	「認知症サポーター養成講座」の開催、「黒田よりあいサロン」の開催等

2章—4 ●住民を巻き込んでいく専門職のコラボレーション
南砺の地域医療を守り育てる会

富山県南砺市の KEY POINT

❶ 行動変容を起こすよう仕掛ける
❷ 行動を継続させる仕組みをつくる
❸ 信念をぶれずに貫き通す

KEY POINT ❶ 行動変容を起こすよう仕掛ける

▶講演活動だけでは人は動かせない

　南砺市の地域づくりには、様々なキーパーソンが関わっています。中でも、大きな役割を果たしているのが、富山大学附属病院総合診療部教授の山城清二さんと、南砺市民病院の前院長で、現在、南砺市政策参与を務める南眞司さんです。

　山城さんが、富山大学附属病院に赴任したのは2004年。総合診療の展開を目指し、地域で**総合診療医**を育てる医療施設を探していました。そこで、手を挙げたのが南砺市民病院の院長と、当時副院長だった南さんです。しかし南砺市は当時、富山県で最も医療崩壊が進んでいた地域。山城さんは人材育成以前にまず診療応援のため、2007年から

総合診療医●総合診療とは、特定の臓器や疾患に限定せず、心のケアを含めた総合的視点から行う包括的、全人的医療。総合診療医は地域と関わり、患者を診ながらその家族にも配慮し、地域の課題にも取り組む。

富山大学附属病院総合診療部教授の山城清二さん

南砺市民病院前院長で南砺市政策参与の南眞司さん

常勤医派遣で南砺市と関わるようになりました。

その後、市町村合併で病院から改編された診療所にも、医師を派遣するようになります。そんな中で、山城さんはこのまま対症療法的に医師派遣で関わるのでは、支える側も支えられる側も持ちこたえられないと感じます。そこで、その診療所を若手医師育成の拠点にすることを提案。南砺市医療局も賛同し、2008年に「南砺家庭・地域医療センター」が誕生しました。ここが、大学病院の若手医師が地域医療を学ぶ研修の場となったのです。

実は、これに先立つ2007年12月から、山城さんは南砺市内の各地域に出向き、「在宅医療推進セミナー」も行っていました。住民や専門職に、病気、そして医師不足などの地域医療の現状と課題を伝え、危機意識を持ってもらおうとしたのです。3カ月に1回、2009年までに7回開催し、回を重ねるごとに、婦人会のメンバーなど住民の参加者はふえていきました。しかし参加者はふえても、そこから具体的な行動がなかなか起こりません。講演活動だけでは、人の行動を変化させることはできない。そう気づいた山城さんは、次の仕掛けに取り組むことにしました。

もとは病院だったが、診療所に改編された南砺家庭・地域医療センター。ここで研修医として勤務し、そのまま就職した医師もいる

地域医療再生マイスター養成講座●第1期を2009年に開講。5回シリーズで毎秋に開催し、2016年が第8期。地域医療の再生はある程度達成されたことから、2014年からは「南砺市地域医療・地域活性化マイスター養成講座と」改題。

▶「4画面思考法」で行動変容を起こす

山城さんが次に仕掛けたのは、「地域医療再生マイスター養成講座」の開講でした。これは、地域産業を活性化する方法論である「地域再生システム論」を、地域人材の育成に

応用したもの。住民を巻き込み、自己変革を促す参加型の講座です。参加者は婦人会などの住民、女性議会議員、医師、看護師、介護職など50名。地域医療の再生の中核を担う人材を育てることを目指し、山城さんは第1期開催の際には、各組織にエース級の人材を参加させてほしいと求めました。

地域再生システム論●2005年から北陸先端科学技術大学院大学で取り入れられていた、地域産業を活性化する方法論。グループワーク中心の実践的な講座で、大学と地域そして行政が一体となって地域課題に取り組む。現在は地域活性化システム論という。

地域医療・地域活性化マイスター養成講座には、医療職、介護職、市民などがフラットな立場で参加する。2009年から2016年までの8回で348名を養成した

　講座は5回シリーズで行い、毎回、他県での地域活性化の実践者等が1時間講義を行います。そのあとは、グループに分かれて、住民と多職種でのディスカッションです。講座開始当初、山城さんは住民と医療者の間には様々な認識の違いがあることを感じていました。

　「しかし、繰り返し意見を交わすことにより、医療者は家族の抱える様々な思いを知り、住民は医療者の大変さを理解するようになっていきました。それで少しずつ信頼関係ができていったと思います」と、山城さんは言います。

　地域をともにしている者が互いの状況を理解できないうちは、相手の抱える課題は他人事でしかありません。しかし、この講座を通して相互理解が進んだことにより、それ

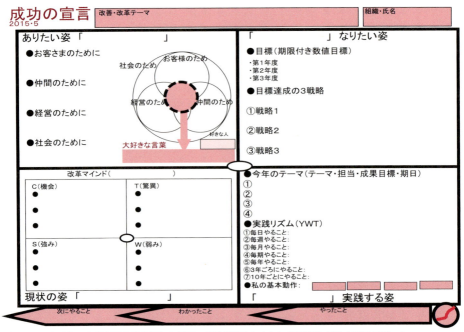

「4画面思考法」により自己変革を促した結果、行動が変化したという受講生が約4割にのぼった

ぞれが抱える課題は、「私たちが解決すべき地域の課題」となっていったのです。

変わってきた参加者の意識を具体的な行動に結びつけていったのが、マイスター養成講座で取り入れていた、「4画面思考法」という自己変革の手法です。これは、現状を分析して課題を把握し、目指す長期目標、短期目標、毎日実践することに整理していくというもの。それを4つに区切った画面に書き込んで「見える化」し、自分のやりたいことを「成功の宣言文」という一文にまとめます。そして講座の最後の回では、「死ぬまで自分の家で過ごす」「食べながらお迎えを待てる地域」など、それぞれの宣言文を発表するのです。

ディスカッションで得た様々な「気づき」から、目指す

べき目標を掲げ、それを毎日できることにまで落とし込む。そして、人前で「宣言」する。この仕掛けが、参加者の行動変容につながっていきました

　第6期までの講座修了者への調査では、約5割が「意識が変わった」、約4割が「行動が変化した」と回答。中でも住民グループでは、半数が「行動が変化した」と答えたのです。山城さんは、要望を訴えることが多かった住民が、自分にできることを考えるようになった手応えを感じていました。

　次は、この変化をどうやって継続、発展させていくか。山城さんは南さんとともに、次の手を打ちました。

KEY POINT ② 行動を継続させる仕組みをつくる

▶ 継続的な学びと意見交換が行動を生む

　第1期の「マイスター養成講座」が終わった2009年12月。今度は、講座修了者が継続的に学び、意見交換をできる場がスタートしました。山城さんが会長を務め、3カ月に1度開催する「南砺の地域医療を守り育てる会」です。講座でマイスターの養成を続けながら、講座OB・OGの「地域で自分にできることをやろう」という意欲・行動を持続、発展させる。これを続けることで、地域医療再生や地域活性化に取り組む人材をふやしていこうとしたのです。「守り育てる会」では、前半で山城さんや南さん、あるいは外部講師等による講演を聞き、後半でグループディスカッションを行うことにしました。

　この会では、「他人任せにせず、自ら行動すること」という理念だけを定めました。他に、会則も会費も義務もありません。その自由さが好まれ、各回の参加者は100名を超えることもあります。この会での継続的な学びと意見交

■南砺の地域医療を守り育てる会
主なグループの活動

住民グループ	「なんと住民マイスターの会」を結成。市内全戸に配布する、地域包括医療・ケアについてわかりやすく紹介した小冊子を作成したり、回想法を学んで高齢者施設などで実践したりしている
医師グループ	大学と富山県内外の病院や診療所と連携する家庭医養成プログラムを立ち上げた。地域で医師を育成する今プログラムにより、後期研修医が派遣され、南砺市の地域医療に貢献している
訪問看護師グループ	在宅で療養する患者に関わる訪問看護師、理学療法士などが、実践的な勉強会を企画。心音と呼吸音など、訪問看護や訪問リハビリで役立つ診察法などを学んでいる

南さん、山城さん、住民グループ代表の大塚千代さん、看護師の村井眞須美さん、南砺市職員による「南砺の地域医療を守り育てる会」の幹事会は月1回開催

換から、参加者は地域の課題解決を他人任せにせず、自分に何ができるかを考えるようになっていきました。そしてそこから、次第にグループができ、具体的な活動が始まっていったのです。今では、前半の講演を聞いたあと、後半は、各グループの活動報告が行われるようになっています。

また、南砺市における地域医療再生や地域活性化に対する市民の意識を高めるのには、地元紙の北日本新聞も一役買いました。「守り育てる会」等の開催の都度、紙面で内容が紹介されたことで、地域づくりの取り組みが広く市民に知られるようになったのです。

「地域づくりでは、地元紙を味方につけることも大切です」と、南さんは語っています。

▶行動すれば次にやることが見えてくる

「守り育てる会」の中には、地域住民によるグループもできました。2011年9月に発足した、「なんと住民マイスターの会」です。目指しているのは、南砺市を自分たちが

2章—4 ●住民を巻き込んでいく専門職のコラボレーション
南砺の地域医療を守り育てる会

望む老後を迎えられる地域にしていくこと。代表は、この年の3月まで婦人会会長を務めていた大塚千代さんです。

この会が最初に手がけたのは、地域包括医療・ケアのパンフレットづくりです。「行政がつくるのではなく市民目線でつくってほしい」と、南砺市医療局から企画・編集を託され、半年がかりで作成しました。「なんとすこやか なんと安心」と題したこのパンフレットは、南砺市内全戸に配布されました。その作成・配布により、「なんと住民マイスターの会」の活動は、市内で知られるきっかけとなりました。

「なんと住民マイスターの会」が作成した地域包括医療・ケアのパンフレット（左）と、回想法のパンフレット

「なんと住民マイスターの会」の代表を務める大塚千代さんは、婦人会の会長を務めていたこともある

現在は、地域で自分らしく暮らし続けるため、認知症の予防とケアをテーマに活動しています。中心となっている活動は、「回想法」の普及と実践です。会のメンバーで回想法について学び、それを地域や認知症グループホームなどで実践。入居者が数十年ぶりにおそるおそるコマ回しに挑戦し、成功させたことで大いに盛り上がるなど、心身が活性化する姿があちこちで見られています。

また、この会では、ボランティア団体などの要請を受け

回想法●元は心理療法で、昔の写真や道具などを見ながら昔語りをすることで、コミュニケーションを促進したり、交流の楽しさを共有したりする。個人回想法、グループ回想法、地域に昔語りの場をつくって同世代や多世代の交流を促す地域回想法などがある。

て、回想法を実践する指導者養成の出前講座なども行っています。回想法を実践することで、地域住民やグループホームの入居者等に喜ばれ、それが評判を呼び、さらに活動が広がっていく。今では、会のメンバーも楽しみながら地域にケア文化を広められるという、好循環ができ上がっています。

「ただ学ぶだけでなく、行動に移したところから活動が広がっていきました。活動していると、次に何をやるべきかも見えてくるんです。無理せず楽しんで取り組んでいく。それが住民運動の基本だと思います」と、大塚さんは語ってくれました。

KEY POINT ③ 信念をぶれずに貫き通す

▶枠をつくらず柔軟に発想する

山城さんと南さんの出会いから、地域医療の再生、住民を巻き込んだ地域活性化が進んでいった南砺市。しかし、そもそも30年以上前から訪問診療が行われ、訪問看護もあり、病院と診療所の連携体制も整っているなど、地域に密着した医療が提供されてきた土地でもあります。その牽引役を担ってきたのが、南砺市民病院であり、南さんでした。

南砺市民病院は、医療や看護、介護、福祉などが連携した地域包括医療・ケアを基本とする**国保直診病院**です。南さんは、1983年に南砺市民病院に赴任すると、病院による訪問診療や配食サービス(現在は民間に委託)など、地域で暮らす住民支援に必要な仕組みを次々とつくっていきました。

退院前に必ず実施する、患者、家族を交えた多職種でのカンファレンスも、20年以上前に南さんが始めたことで

国保直診病院●正式には国民健康保険診療施設。市町村が国民健康保険法規定の保健事業を行う施設として設置。地域包括医療・ケア(住民に保健、医療、福祉、介護サービスを一体的、総合的に提供する仕組み)の理念に基づき、住民の健康、福祉の向上と町づくりを行う。

2章—4 ●住民を巻き込んでいく専門職のコラボレーション
南砺の地域医療を守り育てる会

南さんが開催していた退院前カンファレンスの様子。一番手前が患者、左から看護師、南さん、薬剤師、管理栄養士、リハビリ職、医療相談員、ケアマネジャー、家族が参加している

す。退院して家でどう暮らしたいかを患者に聞かなくては、どのような支援につないでいけばいいかはわかりません。当たり前のことではありますが、それができている医療機関は、今も多くはないのが実状です。

　このほか、南さんは、再入院が必要になった患者や、地域の開業医が入院が必要だと判断した患者はすべて断らずに受け入れる、という方針も掲げました。そして同時に、治療を終えた患者を必ず主治の開業医のもとに返すことも約束しました。こうした取り組みによって、患者は安心して退院することができ、診療所の開業医は病院と連携しながら患者を診ていくことができるようになったのです。

　「患者さんが来られないならこちらから行けばいいし、食事がつくれないなら病院でつくっている食事を届ければいい。困っている人がいるのなら、それをどうすれば解決できるかを考えるのは、普通のことでしょう？　病院と診療所の連携についても同じことです。私は普通のことを普通にやってきただけですよ」と、南さんは言います。

　しかし、慣例、枠、常識などにとらわれていると、"普

通のこと"を実践するのがとても難しくなります。行動を縛るものにとらわれず、物事の本質を見極めて動く柔軟性。定めた信念をぶれずに貫く強さ。南さん、山城さんを始め、こうした力を持つキーパーソンが複数いたことが、南砺市の大きな強みとなっていました。

▶ 基本は「患者と家族のために」

医師の立場から地域を支える医療をつくってきたのが南さんなら、看護師の立場で地域医療づくりを進めてきたのが村井眞須美さんです。南砺市民病院などでの長年の臨床経験、看護師長経験を買われて、村井さんが南砺市訪問看護ステーション（以下、訪問看護ST）の所長に就任したのは2006年のこと。当時、医療制度改革の影響で退院時期が早まり、訪問看護には点滴依頼が殺到。24時間365日対応の訪問看護師たちは、夜9時、10時までの残業続きで疲弊していました。

人員増強を求めていくため、村井さんは、あえて「依頼をすべて断らずに受ける」という方針を掲げました。忙しさに拍車をかけるようなこの方針は、当初、訪問看護師たちから大きな反発を受けました。しかし、村井さんにはこの方針に2つの意図があったのです。一つは、困っている在宅の患者、家族を支えるため。もう一つは、収益力を上げることで発言力を高めるためです。必要なときにすぐに対応することで、市民や医師の訪問看護への信頼とニーズを高め、収益も上げる。それが、人員増の実現につながると、村井さんは考えたのです。

たとえば、急変した患者の往診依頼を受けた開業医から、往診前に様子を見に行ってほしいという依頼が来たとき。全身状態を確認した訪問看護師は、「外来終了後の往診でも大丈夫ではないか」という意見を添えて報告のファクスを医師に送ります。こう

医療制度改革 ● 2006年の医療制度改革では、給付と負担の公平化、医療費の適正化が進められた。医療費の適正化では、診療報酬の見直しにより平均入院日数の短縮化が進み、療養の場が病院から在宅や介護施設にシフトした。

看護師で、現在は定期巡回・随時対応型訪問介護看護事業所の管理者を務める村井眞須美さん

2章—4 ●住民を巻き込んでいく専門職のコラボレーション
南砺の地域医療を守り育てる会

した対応が、外来で忙しい医師に歓迎され、訪問看護の依頼はどんどんふえていきました。

ここで村井さんは、医師に対してより迅速に的確な情報提供をできるよう、スキルアップの研修を行うことにしました。2010年に山城さんからの提案を受けて始めた、年間5回の「ナースプラクティショナー的ナース・リハビリ養成講習会」です。講習会の内容は、がんの疼痛コントロール、終末期医療など、年によって違います。しかし、今も毎回、必ず盛り込んでいるのが、シミュレーターを使って心音、肺音を聴き分ける練習です。この練習により、体温や咳などの症状だけでなく、「右肺に雑音が聞こえるので肺炎の可能性が考えられる」など、医師の判断に役立つ情報提供ができるようになりました。医師の訪問看護師への信頼は年々高まり、担当患者への処置や処方について、意見を求める医師も出てきたほどです。

「訪問したときに患者さんの状態を見て、これは肺炎だから入院、これは抗生物質の処方でいいなど、スピード感を持って医師につなげていく。それができるようになれば、患者さんが早く楽になり、家族も安心します。そして仕事の能率も上がり、自分たちの自尊心も高まるのです」と村井さん。スキルアップにより、信頼とニーズを一層高めた訪問看護師は、村井さんの赴任時の4人から、今では**31人**にまでふえました（2017年2月現在）。

このほかにも村井さんは、導尿や点滴のカテーテル（管）など、医療消耗品等を訪問看護STに在庫で

> ナースプラクティショナー●一部の診療行為を医師に代わって担う、臨床医と看護職の中間的な職種。NPと呼ばれ、アメリカなどで制度化されている。南砺市では、NPのようにスキルの高い看護師・リハビリ職を目指すという意味で、このような講座名をつけた。

> 31人●看護師20人、理学療法士4人、作業療法士5人、言語聴覚士2人の合計31人。このように多職種で編成された職員数の多い訪問看護ステーションは、全国的にも珍しい。

ナースプラクティショナー的ナース・リハビリ養成講習会で心音、肺音の聴き分けを学ぶ

きる仕組みを構築。在宅医療がスムーズに行われる環境の整備を進めてきました。また、求められて参加するようになった医師会の会合で、在宅看取り後の死亡確認での開業医の負担について、問題提起したこともありました。そこから検討が進み、南砺市では、在宅看取り後の死亡確認は開業医による当番制が導入されています。

村井さんの地域の医療に関わるこうした活動の基本には、常に「患者と家族のために」という強い思いがあります。その思いが、医師、看護師など多くの人を動かし、在宅療養を支える地域医療を前進させていったのです。

▶住民意識を変えるため粘り強く伝える

10年間の訪問看護の提供を通して、村井さんは在宅の高齢者が抱える3つの大きな課題を感じるようになりました。一人暮らしや老老介護の増加による"介護力不足"。24時間365日の訪問介護体制のない"介護サービス不足"。そして、サービスの担い手がいない"介護人材不足"です。

これらの課題を解決するためスタートしたのが、2015年10月から開始した**介護職員初任者研修**(旧・ホームヘルパー2級養成研修)による自前での人材育成。そして、2016年4月からの**定期巡回・随時対応型訪問介護看護**サービスです。村井さんは、その両方の運営責任者です。初任者研修の第1期修了生は15名ですが、そのうち14名が、介護の仕事に就きました。うち3名は定期巡回サービスに従事しています。受講生の中には80歳を超える方もいて、住民の"互助"の意識の高まりも感じさせました。

「食事をつくれなかった一人暮らしの男性に、ヘルパーが少しずつアプローチすることで食事を自分でつくれるようになり、訪問介護を卒業する。そんな実績をつくっていけば、ヘルパーが入ることで自立できるようになると理解してもらえますし、介護職の誇りと自信がついてきます。

介護職員初任者研修 ▶ P85 参照

定期巡回・随時対応型訪問介護看護 ▶ P35 参照

サービスの質と本人のQOLは、こうした好循環で高まります」と村井さん。

　初任者研修の講師として受講者の様子も気にかけながら、村井さんは今、地域での生活を支えるサービスの充実に取り組んでいるのです。

　一方、地域の医療体制づくりを着実に進めてきた南さんは、今、地域住民の意識を変えていくために地域訪問を重ねています。2014年、南砺市の政策参与に就任してから、すでに市内31地区全ての自治振興会（町内会）を2回、訪れました。2014年初頭には、第6期高齢者保健福祉計画策定のための「日常生活圏域ニーズ調査」の依頼を兼ねて訪問。2015年にはその結果報告に、そして、2017年初頭には再びニーズ調査の依頼に行くことにしています。その際、南さんはその地区の人口の将来推計などを示し、今後は若い人が減り、一人暮らしや老老介護、認知症の高齢者が増えていくという、地域に起きる「不都合な事実」をあえて伝えています。

　「今後、"共助"の介護保険サービスは中重度の要介護者対象となり、軽度要介護者は住民主体の"互助"で支えていくことになります。つまり、介護予防や生活支援サービスの担い手として、今後は元気高齢者を含む住民の力が不可欠なのです。『不都合な事実』と直面してもらうことで、住民の意識を変えていきたい。そのために、これからも地域を回って伝えなくては」と、南さんは言います。

　山城さんや南さん、村井さんたち専門職が感じていた危機意識は、マイスター養成講座を通して、大塚さんをはじめとした住民にも着実に共有されています。共有できる人をさらにふやし、地域づくりへの意識を高めていく。そして、この活動と危機意識を次世代へと引き継いでいく。南砺市の地域医療を守り、地域を育てる活動は、今後も医療職を中心に住民も参加しながら進められていきます。

高齢者保健福祉計画●各市町村が、地域の実情に応じた介護サービス基盤整備や介護予防、生活支援、サービスに関する情報提供などについて、市町村介護保険事業計画等の関連計画との整合性を考慮して策定する計画。

日常生活圏域ニーズ調査●地域に在住する高齢者の生活状況を把握するための調査。高齢者の生活状態に合った介護サービスや権利擁護などの各種福祉サービス基盤を整備する計画策定の基礎資料となる。

おわりに

一歩を踏み出すことから何かが
あきらめずに続けることが未来

　地域づくりが必要な理由と、専門職が果たしていくべき役割。そして、10組のトップランナーたちの実践。
　いかがでしたでしょうか。
　トップランナーたちにその取り組みを、思いを聞き終えたとき、私が感じたのは、意外なほど、相通じる話が多いことでした。必要だと感じたから取り組んだ。うまくいかないこともあるが、必要だと信じていたのであきらめなかった。人に求めていく以上、自分たちも自分たちを律していく必要があると考えた。前を向いて走り続けていくうちに、賛同してくれる人、協力してくれる人がふえていった——。
　話の中で、多くの方からこうした言葉が聞かれました。そしてまた、最も強く感じたのは、取り組んでいる方たちの「無私の姿勢」でした。自分たちの利益のためではなく、利用者、住民、地域、そして未来を担う子どもたちのために、自分たちにできることに取り組んでいかなくては。様々な場面でそんな強い思いを感じました。

　少子高齢化が進む日本では、今後、生産人口が減り、経済が停滞していくといわれています。働いても所得が増えず、今以上に先の見えない社会になっているのかもしれません。医療や介護のニーズが増大しても、それに応えうるお金も人もなくなっているのかもしれません。次世代を担う若者、子どもたちを待っているのは、今の高齢者や、こ

始まり、を変える

れから高齢者となっていく熟年世代が経験したことのない、そんな厳しい時代です。

　この本で紹介したトップランナーは、これから来る「厳しい時代」を"我がこと"として受け止め、行動を起こした方たちです。できる限り最善の状態で、日本を次世代に渡していきたい。そんな思いで一歩を踏み出し、この日本の介護、医療、福祉を少しでも良くしようと、先の見えない時代を走り続けているのです。

　日本という国が自分に何をしてくれるのか。それを求めて応えてもらえる時代はもう終わりました。これからは、次世代の日本に対して、自分が何をできるのかを考えていく時代です。不満をいくら言い続けても何も生み出すことはできません。トップランナーたちと同じように、一歩を踏み出していくこと。そして、その踏み出した足を止めることなく先に進めること。そうすることで、日本の未来はほんのわずかずつでも変わっていきます。この本を読んでくださったあなたにも、日本を変える、そんな一人に加わっていただければ――。そんな願いを込めて、この本を送り出したいと思います。

2017年4月

宮下公美子

著者プロフィール

宮下公美子（みやした・くみこ）

介護ライター・社会福祉士・臨床心理士

早稲田大学卒業後、（株）リクルートで広告制作に携わり、その後フリーライターに。
1999年から介護保険制度スタートで盛り上がる介護事業者、介護職を集中的に取材したことで、介護業界に興味を持つ。以後、介護ライターの傍ら、社会福祉士として要介護認定調査員、介護保険サービス苦情相談員、成年後見人などを務める。
2013年に臨床心理士資格を取得。
現在は認知症を持つ人の支援に力を入れる神経内科クリニックで、臨床心理士としても勤務している。
著書に『埼玉・和光市の高齢者が介護保険を"卒業"できる理由』メディカ出版、『2016年版　ケアマネジャー合格テキスト＆書き込みワークブック*』ナツメ社、『これで失敗しない！　有料老人ホームの賢い選び方*』日経BP、などがある。

＊は部分執筆、取材協力等

ホームページ：「介護の世界」　http://www.e-miyashita.com/

多職種連携から統合へ向かう
地域包括ケア
―地域づくりのトップランナー10の実践

2017年5月10日発行　第1版第1刷

著　者　宮下　公美子
発行者　長谷川　素美
発行所　株式会社メディカ出版
　　　　〒532-8588
　　　　大阪市淀川区宮原3-4-30
　　　　ニッセイ新大阪ビル16F
　　　　http://www.medica.co.jp/
編集担当　佐藤いくよ／小川悦子
装　幀　塩貝　徹
レイアウト　スタジオ・バード
本文イラスト　小佐野　咲
印刷・製本　株式会社シナノ パブリッシング プレス

© Kumiko MIYASHITA, 2017

本書の複製権・翻訳権・翻案権・上映権・譲渡権・公衆送信権
(送信可能化権を含む)は、(株)メディカ出版が保有します。

ISBN978-4-8404-6159-7　　Printed and bound in Japan

当社出版物に関する各種お問い合わせ先（受付時間：平日9：00～17：00）
●編集内容については、編集局 06-6398-5048
●ご注文・不良品（乱丁・落丁）については、お客様センター 0120-276-591
●付属の CD-ROM、DVD、ダウンロードの動作不具合などについては、
　　　　　　　　　　　　　　　　デジタル助っ人サービス 0120-276-592